prometeo
libros

# El desciframiento del mercado

# El desciframiento del mercado

## Brillo, automatismo y lógica en Karl Marx

Mariano Nicolás Campos

Campos, Mariano Nicolás
   El desciframiento del mercado : brillo, automatismo y lógica en Karl
Marx / Mariano Nicolás Campos. - 1a ed. - Ciudad Autónoma de
Buenos Aires : Prometeo Libros, 2021.
   144 p. ; 23 x 16 cm.

   1. Teorías Económicas. 2. Marxismo. I. Título.
CDD 335.401

Diseño de tapa: Nina Turdo
Diagramación: Sandra García
Corrección: Laura Occhiuzzi

© De esta edición, Prometeo Libros, 2021
Pringles 521 (C1183AEI), Buenos Aires, Argentina
Tel.: (54-11) 4862-6794 / Fax: (54-11) 4864-3297
editorial@treintadiez.com
www.prometeoeditorial.com

ÍNDICE

# El secreto finalmente revelado: un prólogo

El libro de Mariano N. Campos que se leerá es un *ensayo filosófico*. Avanza resuelto ante las grafías académicas tradicionales. No es que esas convenciones sean siempre perjudiciales. De hecho, manifiestan un alcance democrático al protocolizar maneras de construir frases e imágenes imitables con el módico norte de una insistencia práctica. ¿Y qué es la "cultura" sino el sedimento de plagios más o menos creativos? El quehacer académico debería ser una república sin noblezas ni jerarquías pertinaces.

El camino elegido por Campos presupone una investigación, pero hace de su método expositivo una forma inmanente al objeto. Pienso que este libro de teoría marxista es lo mejor que se ha escrito sobre el tema del "fetichismo" y su "secreto" en la Argentina. Situado en el escenario filosófico latinoamericano, me parece, cala más hondo que las investigaciones afines de Bolívar Echeverría y Enrique Dussel.

El proceder de Mariano Campos es dialéctico. Se sustrae al error de examinar el secreto del fetichismo de la mercancía desde un exterior virtuoso (sea el del trabajo, el de la conciencia "crítica", o el de la clase obrera). La verdad está "en la cosa misma". Una crítica radical emerge de las entrañas del monstruo maravilloso, destructor y autodestructivo desplegado como mercado mundial. Es por lo tanto un juicio inmanente, no un reclamo pueril que lamenta "yo no pedí nacer en una sociedad de clases".

Las referencias bibliográficas, las aclaraciones idiomáticas, el detalle en los desafíos de traducción, son ingredientes de una precisa tarea de elaboración conceptual. Este libro propone una analítica más que monográfica de la condición ideológica contemporánea. Es una teoría del mundo actual. Una crítica filosófica de la sociedad capitalista.

Con razón se dirá que de las reflexiones de Charles de Brosses, el reinventor colonial del fetichismo como problema, a los shoppings de nuestra época, hay un salto mortal. Campos descubre allí una lógica que persevera en sus mudanzas. ¿Cuál es esa lógica?

Mariano Campos sugiere una interpretación de Marx apta para iluminar los sueños de nuestras propias experiencias, y construye una escritura, un dispositivo interpretativo cuyos matices puedo apenas aludir en estas pocas palabras. Atisbo en su historia filosófica de la sociedad capitalista una ponderación lacaniana de la pulsión escópica. La vista no es un "sentido" dado. Está modulado, como el resto de los sentidos (allí fallaron al unísono Hume y Kant), en un borde donde pensamiento lingüístico y cuerpo dejan de tributar al dualismo. Las imágenes incorporadas al argumento de Campos son más que ilustraciones de realidades demostradas en el plano del concepto: las representaciones son siempre categoriales, es decir, materiales.

Campos renueva el horizonte de la lectura de Marx al proporcionar los elementos centrales de un libro previsto, pero jamás escrito, por el obstinado lector de la Biblioteca Británica de Londres: *una teoría del mercado mundial*. Quiero recordar que Marx, demasiado aislado en materia generacional, planeó un proyecto de investigación del cual *El capital* era solo una parte y que concluía con el mercado mundial. Era un destino que ese proyecto permaneciera inconcluso. ¿Cómo pudo pensar que él, un mortal por definición finito, podía llevar a término su investigación? No es mi intención adjudicar a las penumbras inevitables en los fragmentos del archivo marxista nuestra derrota teórica y política en el siglo XX. Clausurado el ciclo histórico del socialismo burocrático, la rearticulación del proyecto está a la orden del día, a sabiendas que el nuestro y el de Marx no son *exactamente* el mismo día.

Mariano Campos establece las líneas directrices de una investigación renovada sobre el mercado mundial. Y no solo como exégesis. Ve más lejos que Marx porque no está tan solo. Informado de los debates intelectuales recientes, actualiza a Marx, como quiso hacerlo Walter Benjamin en la entreguerras del siglo XX en su *Obra de los pasajes*, pero en un siglo XXI preñado de nuevos y seductores peligros. Más también de promesas irrealizadas. Solo una vez podría ser citado aquí Louis Althusser. Es que, en efecto, lo que persevera de su marxismo lacaniano es la frase que describe a la historia como un "proceso sin sujeto", o lo que lo mismo, de un sujeto anónimo y chiflado: el capital.

Señalé más arriba que el formato de ensayo acompaña a una apostura filosófica, esto es, analítica, tenaz. Con este libro Mariano Campos se revela como un pensador autónomo, pero también como un escritor. Leerlo hizo resonar en mí timbres de Salvador Benesdra en *El traductor*. En eso es una *rara avis* porque el estilo literario escasea en el "campo filosófico".

*El desciframiento del mercado* es un libro de filosofía, pero es también, replicando al encanto de promesas capitalistas, una innovación literaria en la teoría marxista. Y nuevamente, como pliegue del capital. Campos revela en la lógica capitalista un mundo de fantasías, cuyas multiplicidades se despliegan en su erudición y prosa. Leo este libro como una escritura no moralista de la experiencia enajenada en un nuevo marco conceptual apto para ser contrapuesto al *En 1926* de Hans-Ulrich Gumbrecht. Lo que Campos viene a enseñarnos a través de su análisis histórico-filosófico del fetichismo mercantil es que el mundo ha sido constituido como pasajes infinitos de mercancías encantadoras.

Interpreto que, con su obra, Campos interpela a las culturas de izquierda enclaustradas en sus mitos modernos de la militancia resistente y grisácea. Ante el sacrificio y el testimonio, el capital siempre vencerá. Como antítesis de la cultura izquierdista de la minoría, el reciente aceleracionismo ha decidido contrariar el espíritu de ciudadela en defensa a través de una celebración de las potencialidades del plusvalor relativo, es decir, de la metástasis tecnológica del capital. El argumento de Campos produce un nuevo giro ante esa antítesis para recordarnos la eficacia del fetichismo en cuanto a la *forma del valor*. No sucede entonces que la escena de la producción y la explotación sea secundaria, ni que la circulación realice el plus de trabajo en plus de valor y enseguida en ganancia. Es que el circuito de la valorización está regulado por un automovimiento sin sujeto fundador cuya dinámica ilumina, justamente, el fetichismo de la mercancía.

Lejos entonces de constituir solo un modo de presentación de las mercancías en la circulación, el que velaría la escena "real" de la producción en la fábrica o la oficina, el fetichismo proporciona una teoría social y una explicación del agente deseante en la sociedad capitalista. He allí la pertinencia de una zona franca con el psicoanálisis. Campos parece decirnos que la teoría del fetichismo mercantil, más que la metapsicología de las pulsiones, es el fundamento de un diálogo renovado entre marxismo y psicoanálisis.

El cierre "leninista" del libro, en mi lectura, confirma el linaje de Mariano Campos con la filosofía dialéctica marxista. Aunque sin las garantías teleológicas que esta supo cultivar. Muy concretamente me recuerda la salida de György Lukács, quien en *Historia y consciencia de clase* expuso lo que toda la Segunda Internacional había aceptado en la política: la conciencia obrera no es ajena a la cosificación generada por la universalización burguesa de la forma mercancía. Entonces se presenta con claridad meridiana una dificultad evidente para un pensamiento dialéctico. ¿Cómo quebrar la repetición de lo mismo? O lo que es lo mismo, ¿qué sucede cuando la dialéctica cesa de autosuperarse para circular en las temporalidades del capital?

En el caso de Mariano Campos, más avanzado que Lukács porque está avisado de lo históricamente constitutivo de lo inconsciente freudiano, la cosificación es un punto de partida y no un obstáculo. La cuestión sin embargo se reitera: ¿qué hacer? Lukács y Campos, a pesar de sus distancias espirituales, procuran una brújula en la tormenta en el mismo nombre: "Lenin". No es el mismo Lenin. Para Lukács es el Lenin de la organización política bolchevique. No es que Campos necesariamente rechace, como si fuera un *nouveau philosophe*, al partido de vanguardia como el origen de todos los males.

El Lenin de Campos tiene algo del žižekiano: es la repetición desplazada de la imagen con que se transmuta el encanto del valor. Es un "instante" en el que se produce una falla en la matriz. Es también un jeroglífico, un fetiche del acontecer imprevisto. Si "el partido" tiene alguna importancia es entonces porque interviene en una situación inaudita, un reparto de lugares inesperado, que atiza "una fórmula incorrecta del valor". La sociedad capitalista entonces está lejos de ser la realización del *todo absoluto*. Si es deseada una ruptura de la lógica del capital, los tiempos de las fracturas en sus diversos ámbitos son heterogéneos. ¿Cuándo se hará *sentido común* que todo ser humano *debe* ser igual material y formalmente más allá de sus múltiples diferencias? ¿Cuándo se hará un prejuicio mayoritario que el capital ha creado las condiciones para su abolición, que solo nos aprisiona en su maquinaria de valorización y desigualdad por las fantasías de realización individual prometida?

Ese es el secreto del fetichismo de la mercancía: el capital como muerto en vida que se reproduce sin voluntad consciente, vocifera a cada momento: "¿qué esperan para liberarse de mí, mientras inundo sus vidas de celulares, redes sociales, fantasías eróticas y guerras?". El secreto de la mercantilización del mundo no es la pérdida de una esencia profunda.

Omar Acha

# Prefacio:
## *Manual para encender* El capital

En las calles más animadas de Londres cada tienda se estrecha a la otra, y tras sus huecos ojos de vidrio (*Glasaugen*) resplandecen todas las riquezas del mundo, chales indios, revólveres estadounidenses, porcelana china, corsés parisinos, pieles rusas y especias tropicales, pero todas esas cosas mundanas portan en sus frentes las fatales etiquetas blancuzcas, donde las cifras arábigas con los lacónicos caracteres £, sh. y d. fueron grabados. Tal es la imagen de las mercancías que aparece en la circulación.

Karl Marx, 1859, *Contribución a la crítica de la economía política*

Un *gadget* expresa el hecho de que, en el momento en que la masa de mercancías se desliza hacia la aberración, lo aberrante mismo deviene una mercancía especial.

Guy Debord, 1967, *La sociedad del espectáculo*

Karl Heinrich Marx nació en 1818 en Tréveris, Prusia, y fue hallado muerto en su sillón en 1883 en Londres, Inglaterra.

En su adolescencia, fue como todo el mundo: fumó demasiado, tomó demasiado y se compró un arma (recuerdos de esa época es una cicatriz de balazo que arrastra en el ojo izquierdo). Además de ser uno de los mejores insultadores y provocadores del siglo XIX —tenía veinticuatro años cuando el zar Nicolás I de Rusia exigió su destierro—, Marx fue un escritor ambicioso. Empezó de joven, cuando compuso algunas poesías olvidables, una tragedia inconclusa y una novela absurda, *Escorpión y Félix*, visiblemente la obra de un loco o un borracho. Exigente en su labor, si la prosa perdía fuerza y belleza, interrumpía el trabajo para releer a Shakespeare, Dante y Goethe, sus campos intensivos de entrenamiento. Tradujo a Ovidio, Tácito y Aristóteles, y aprendió inglés leyendo a Charles Dickens y ruso con Nikolái Gógol. En su escritura intercala el análisis matemático, la antropología evolucionista y la literatura fantástica; el autómata de Hoffmann, el hombre sin sombra de Chamisso, el monstruo de Mary Shelley, los vampiros de Polidori y Rymer, la licantropía y los cuentos de hadas son integrados al teatro universal de su escritura.

Lector omnívoro, proyectó varias historias de carácter histórico y teórico, como una historia de la tecnología, variados tratados sobre ciencias naturales, una historia de la lógica, otra de la filosofía, una obra crítica sobre Honoré de Balzac, una introducción a la dialéctica de Hegel, una explicación de los griegos tardíos y una obra sobre cálculo diferencial, que algunos consideraron perdida y otros inexistente. Y también, por supuesto, "un libro sobre economía política".

En 1867, Marx fue personalmente a llevar a su editor la única copia existente de su obra maestra sobre la economía política, un compendio del universo que llevó el título *El capital* y el subtítulo *Crítica de la economía política*. Cinco años después aparece una reedición en que retocó substancialmente los primeros capítulos para alcanzar la "totalidad artística" a la que aspiró. Le llevó, en total, treinta años ponerla "en buen estilo" –desde 1844 a 1872–, con lo cual tardó el triple que la *Guerra y paz* de Tolstoi y *Ulises* de Joyce juntos. El resultado material fue una saga dilatada que incluyó precuelas (textos preparatorios) y secuelas (reediciones), que sumaron unos miles de páginas en total.

Pero... ¿qué cosa es *El capital*? ¿Un manual de economía? ¿Un arma contra la burguesía? ¿Un testimonio histórico de la sociedad industrial de mediados del siglo XIX? Nada de eso, sino que mucho más.

Por su contenido es la más brillante exposición escrita acerca de nuestra sociedad mundial, el domo totalitario en que las diversas naciones, las capacidades humanas y el maní empaquetado conviven en una extraña armonía de equivalencias. *Das Kapital* es, ante todo, una presentación del mercado mundial, el 'ojo de vidrio' en que las naciones del mundo ingresan bajo el rótulo de mercancías exóticas: chales de la *India*, revólveres *norteamericanos*, porcelana *china*, corsés de *París*, pieles de

*Rusia* y especias *tropicales*, la sociedad de las naciones en tanto "Made in". Es lo que Marx, al detenerse ante el vulgar escaparate, vislumbró como una maqueta de la globalización.

Por su diseño formal, *El capital* es un mamotreto prodigioso, un artefacto literario que procesa el estúpido azar de la historia para devolverlo bajo la forma de páginas consistentes: "Soy una máquina –escribió en abril de 1868–, por cierto, condenada a devorar libros y luego expulsarlos con su forma alterada en la pila de estiércol de la historia". Me arriesgaría a decir que *El capital*, correctamente manipulado, es un Google que viene acumulando entradas desde la era victoriana.

¡Pero veamos! La mejor demostración de cualquier máquina explicativa es su puesta en funcionamiento. Para encender *El capital* hay que atenerse a una regla muy sencilla, enunciada por su programador desde 1857 como "lo más desarrollado es lo posterior". Esto significa que su mejor versión siempre apunta al futuro, comienza –dice Marx– *post festum*, después de los acontecimientos. A cada lector histórico –ustedes o yo– se le impone la tarea de la descarga de actualizaciones para obtener una imagen del mercado mundial a la altura de su presente. Para esto no hay más que abrir este libro, ubicar el primer párrafo de la primera página, y sincronizar la sociedad de mercado de mediados del siglo XIX con la del XXI del siguiente modo:

> La riqueza de las sociedades en las que señorea el modo de producción capitalista aparece como un "enorme cúmulo de *'gadgets'*", y el *'gadget'* individual como la forma elemental de esa riqueza. Nuestra pesquisa, por consiguiente, se inicia con el análisis del *'gadget'*.

Este modo práctico de resolver los anacronismos –el *détournement* que ya había sido puesto en práctica hace medio siglo por Guy Debord en su *Sociedad del espectáculo*– es la tontería que preludia la severidad de una constatación, basada en el hecho de que el análisis marxista de la mercancía mejora con cada nuevo autómata brillante que es arrojado en la esfera del mercado. Y cuando digo "autómata" digo bien, porque –como se verá– en *El capital* las cosas perdieron el carácter instrumental propio del mundo artesanal para adquirir una autonomía tecnológica.

Y cuando digo "brillante" también digo bien, porque —como se verá— en *El capital* las mercancías valen por sus cualidades refractantes y no por su trabajo oculto.

Lo que intento decir, en definitiva, es que en la anatomía del *gadget* se leen de modo prístino todas las características de las mercancías del siglo XIX: el brillo luminoso de la seducción, la autonomía funcional de la máquina y la presencia de una red internacional de mercaderías. El *smarthphone*, por ejemplo, es la materialización del ojo vidriado del que hablaba Marx y, por lo tanto, una de nuestras ventanas para acceder al alma artificial del mercado mundial.

Es cierto que para Marx las cosas no fueron tan fáciles, porque tuvo que ejemplificar *El capital* con cosas salidas de su miserable entorno, como un trozo de lienzo, su chaqueta de invierno y la mesa que oficiaba de escritorio, objetos cotidianos y llenos de polvo sobre los cuales era muy difícil descifrar toda la metafísica, teología y magia del mercado mundial. No le quedó otra que hacer *meditar* a la mesa, poner a *hablar* al lienzo y revelar a la chaqueta como un *Jesucristo* en formato de trapo. "Marx patina", dijo Louis Althusser cuando leyó estos capítulos salidos de una mala película de Disney, mierda metafísica y literaria donde el mobiliario se pone a bailar y parlotear. Sin embargo, nada de esto hubiera sucedido, quiero decir, *El capital* no habría pasado por esta ignominia, si Karl Heinrich hubiera metido la mano en el bolsillo del saco y hubiera palpado el pellejo sedoso de un teléfono inteligente. Le habría bastado, para disolver la crítica roedora de los ratones, con señalar la pantalla del *smarthphone* y decir: "he aquí el brillo sensual de los autómatas, *Hic Rhodus, hic salta*", aquí está Rodas, lector, salta aquí.

Todo esto, naturalmente, puede parecer una inventiva mía. No obstante, Karl Marx es el maestro en el arte de la reducción de los grandes dramas sociales a la vida interior de las pequeñas cosas y si en este libro se verán aparecer *tablets*, algunos electrodomésticos y otros anacronismos igual de agresivos es porque soy un buen imitador de la prepotencia de Marx. Y, especialmente, de la prepotencia de *El capital*, esa obra que no sabe absolutamente nada del materialismo histórico, pero que sabe absolutamente todo del dinero y las mercancías (¡y precisamente Marx! ¡Ese muerto de hambre! "No creo —le comentó a Engels— que alguna vez se haya escrito sobre el dinero careciendo a tal punto de él"). Por eso, para captar el sistema mundial del mercado tal como relampagueaba en la mente de Marx, para comprender los engranajes de su máquina explicativa, el mejor método ahora es ir hacia sus pequeños objetos.

Más específicamente, dos cosas y nada más que dos.

## La piedra brillante

> "¡Pero qué tontería! Dios puede ser cualquier cosa. Solamente se le tiene que nombrar". Se dio la vuelta hacia el muchacho que estaba más cerca de él, uno pelirrojo. "Un animal no. Huye. Pero una cosa, te das cuenta, se queda. Entrás en la habitación, de día o de noche, y siempre está ahí, por eso puede ser perfectamente Dios". Paulatinamente fueron convenciéndose todos los demás. "Pero necesitamos un pequeño objeto que se pueda llevar encima, sino no tendrá sentido. ¡Vacíen sus bolsillos!".
>
> Rainer Maria Rilke, 1904, *De cómo un dedal llegó a ser el Buen Dios*

La primera cosa es el *oro*. Gracias a una anécdota que leyó en 1842 en Bonn, cuando tenía unos veinticuatro años, Marx comprendió rápidamente que la cosa dineraria es un fetiche en todo su sentido religioso. La anécdota le salió al encuentro en una de sus aventuras intelectuales, su lectura de un libro titulado *Del culto de los dioses fetiches*, y se remonta a un hecho violento sucedido en la isla La Española, allá por 1511, de la que fue testigo y narrador Bartolomé De las Casas.

La historia es la que sigue: un cacique taíno viene huyendo de los españoles desde Haití, en una canoa con dirección a Cuba. Acaba de ser testigo de una masacre nunca vista en la historia del continente. Cuando llegó a la otra orilla, organizó rápidamente una famosa conferencia entre los caribes, puesto que había resuelto el gran enigma de la invasión: "¿Sabéis quizá por qué lo hacen?", preguntó Hatuey, en referencia a la violencia radical e inédita que incluyó arcabuces, violaciones, perros furiosos y viruela española. Y señalando una canasta llena de oro respondió: "Veis aquí el dios de los cristianos". Acto seguido, los caribes, recuerda Marx, "celebraron una fiesta y cantaron para él, y luego lo arrojaron al mar".

Marx reconoció, en esta sinceridad extranjera de Hatuey, que la oscura pasión del alienígena occidental por las piedras no es algo que pueda deducirse. El oro en tanto *Fetisch der Spanier* es una pura contingencia. Y es que desde el punto de vista de Hatuey y de los caribes el hecho de que Cristo fuera una piedra brillante es tan inoportuno y sorprendente como si se hubiera tratado de cucharas de madera o cortinas color mate. La piedra se la percibe, pero no se la infiere, y de ahí que el conferenciante Hatuey llevara prudentemente material didáctico a la charla caribeña.

Por eso Karl Heinrich se fastidia, una y otra vez, cuando la economía política apela a las "propiedades naturales" de este mineral para explicar su rol de dinero: es fraccionable, fundible, escaso, purificable, transportable, grabable, duradero, etcétera. En realidad, es el resultado de un caprichoso accidente, similar al "¡vacíen sus bolsillos!" de los niños de Rilke. Los economistas políticos, avergonzados por su recaída en el mercantilismo, se comportan como el disoluto que es sorprendido masturbándose con una media usada: se defiende de la mirada alegando las indudables cualidades naturales y ergonómicas que hacen de la media preferible a los zepelines alemanes o los mazos de cartas. Podrá ser cierto, pero eso no explica la media.

Ya instalado en París, en sus manuscritos de 1844 Marx da por sentado que la materia del dinero es el fetiche de Occidente. Y le viene a la memoria el *Fausto* de Goethe –finalizada hacía poco más de una década–, para quien este dios cósico, material y portátil, el oro, ante determinadas fórmulas del deseo hace realidad los sueños, porque "si puedo pagar seis caballos, ¿no son mías las fuerzas de ellos?". Al respecto, comenta Marx:

> Eso que yo *soy* y *puedo* no está determinado de ningún modo por mi individualidad. *Soy* feo, pero puedo comprarme la mujer más bella. Así, no soy feo, porque el efecto de la fealdad, su fuerza disuasoria, es anonadada por el dinero. Yo –por mi individualidad– soy lisiado, pero el dinero me asegura veinticuatro piernas, entonces no soy lisiado (…) [El dinero] transforma mis deseos a partir de la esencia de la representación, traspone su ser pensado, representado y querido en su ser *sensible, real*; de la representación a la vida,

del ser representado al ser real. Como mediación, es la fuerza *verdaderamente creadora*.[1] (I/2:319-320)

Al igual que los talismanes, los amuletos y los oráculos, las "cosas dotadas de una virtud divina", el oro tiene un valor de uso sobrenatural. Y, lo más importante, su portador rompe todos los lazos medievales de la sangre y se eleva por encima de la habilidad y la destreza del artesano para instalar una potencia basada en la simple posesión de una cosa: "eso" (*das*) define lo que soy y lo que puedo. En contraste con el modelo artesanal del trabajador, el maestro de obras que demuestra su superioridad sobre la abeja al anticipar en su mente lo que va a construir, el portador del dinero es como Aladino con su lámpara, que pasa del proyecto a la realización sin tener que pasar por el camino cuesta arriba del trabajo.

En 1857 la cuestión sigue palpitando en su cabeza. Marx se clarifica a sí mismo el siguiente punto: que, si el portador del dinero tiene "el dominio absoluto sobre la sociedad, sobre todo el mundo de los goces, de los trabajos, etcétera", es porque cada cosa que existe como mercancía es una metonimia material del oro. Esto quiere decir que la sociedad mundial del mercado no solo está fascinada por la roca sagrada, sino por cada una de sus pequeñas mercancías que, de algún modo, evocan el oro con esa "envoltura cósica" (*Dinglicher Hülle*) que las hace adorables, como si las rodeara una película brillante. El oro es la "fuerza (*Kraft*) galvano-química de la sociedad", la "materia general" en que las cosas "deben ser sumergidas, doradas y plateadas para ganar su libre existencia como valores de cambio". Según esta metáfora, cada mercancía es sumergida en la enorme *fondue* del dinero para adquirir el finísimo enchapado del valor, lo único que acredita, ante la mirada, que hay valor en esa porción de naturaleza.

---

1 Las citas que procedan de Marx son las únicas aclaradas. En cada caso, la traducción va acompañada por la indicación de la sección (I, II, III y IV), el tomo y página de la nueva MEGA[2] (Marx-Engels-Gesamtausgabe); exceptuando *Contribución a la crítica de la economía política* de 1859 en que nos servimos de MEW (Marx-Engels-Werke) y *Miseria de la Filosofía* de 1847 para la que usamos la edición príncipe. En el resto de los casos, donde nos limitamos a mencionar la fuente, salvo indicación en contrario, son traducciones nuestras del original.

Pero habrá que esperar hasta *El capital* para que Marx revele los detalles de ese rito secreto que, correlacionando los términos de determinada manera, convierte a las simples cosas en dioses sobre la tierra. Como prolegómeno, digamos que es la única teoría moderna del mercado que da por sentado que la adoración primitiva es el fundamento de la economía capitalista. De la teoría del fetichismo surge el anuncio horroroso de que la historia de la humanidad ingresó, sin darse cuenta, a una fase gobernada por las cosas, dando a la curva histórica de miles y miles de años de progreso material e intelectual un remate jocoso: el fin de la historia humana culmina en las sociedades prehistóricas. Este es el único sentido en que puede hablarse de materialismo para interpretar el capitalismo, como un modo de nombrar una nueva época, una era mineral en que, de algún modo, las cosas inorgánicas tomaron el control de la sociedad: como los portadores del *smartphone*, nosotros, sus súbditos, inclinamos ligeramente el cuello ante el mundo de las mercancías.

## El reloj mecánico

> No entienda el lector que siento temor alguno de las máquinas que hoy en día existen; probablemente éstas no sean más que un prototipo de la futura vida mecánica. Las máquinas actuales guardan la misma relación con las del futuro que los primeros saurios guardan con el hombre. Es probable que las más grandes disminuyan de tamaño. Algunos de los vertebrados más primitivos tenían gran tamaño, si bien sus descendientes actuales, mejor organizados, han disminuido de tamaño. De forma similar, las disminuciones de tamaño de las máquinas a menudo suponen avance y progreso. Tomemos un reloj de bolsillo, por ejemplo.
>
> Samuel Butler, 1872, *Erewhon o al otro lado de las montañas*

La segunda cosa en cuestión es el grano de arena que desquició la relación del hombre con la naturaleza, y que en la biografía de Marx tiene el efecto de un trauma diferido. Esta historia comienza a principios de julio de 1850, durante una cena con Wilhelm Liebknecht y Friedrich Engels en Londres, cuando Marx declaró, cerveza en mano, que una nueva revolución se aproximaba y que iba a ser perpetrada por las ciencias naturales. Como prueba del futuro, Marx les confió que en Regent Street hay un trencito eléctrico en exhibición. Y "todo sonrojado y excitado" exclamó lo siguiente:

> Ahora el problema está resuelto. Las consecuencias son imprevisibles. En la estela de la revolución económica la política debe necesariamente seguirla, porque la última es solo expresión de la anterior.

Liebknecht, que narra los detalles de este encuentro en su memoria biográfica de 1896, comenta que a la mañana siguiente fue corriendo y efectivamente estaba allí "la locomotora y el tren dando vueltas alegremente". Detrás de la vidriera, estaba la chispa eléctrica que iba a reorganizar el universo como antes lo hizo la locomotora a vapor. La burguesía, sin advertirlo, iba a autodestruirse al introducir a este "moderno caballo de Troya de la sociedad civilizada" en la industria.

Al año siguiente, en 1851, saturado con la lectura de la "mierda de la economía" –palabras de Marx–, emprende otro camino, buscando el marco conceptual correcto para el *toy* eléctrico inglés. Lee y extracta obras como las de Andrew Ure, curioso personaje al que nos referiremos más adelante, y la monumental *Historia de la tecnología* en tres tomos –publicadas entre 1807 y 1811– de Johann von Poppe. Este matemático y físico, nacido en Gotinga y que ofició de catedrático en la universidad, escribió la primera historia de la tecnología ligada al desarrollo económico. Y como Poppe es un aficionado de los trabajos artesanales, introdujo a Marx en el arte de la relojería, cuyos engorrosos detalles técnicos ocupan buena parte del tomo segundo.

Pese a que a Marx se le escapan las cuestiones prácticas –se confiesa a sí mismo como un genio de las matemáticas y un imbécil de los mecanismos–, comprende la esencia del reloj: la mayor complejidad e inteligencia reposa en su sistema de escape (*échappement*), el mecanismo que administra la fuerza para obtener un movimiento regular y homogéneo. La clave está en este diseño que traduce la tensión de un resorte o la caída vertical de un peso en una oscilación uniforme, cuyo éxito se adivina bajo el mundialmente famoso "tic-tac". Marx anota en este cuaderno de extractos, el número XVII: "Solo en los tiempos modernos, cuando se conocieron los relojes de resorte, se despertó nuevamente el interés de los artesanos por los autómatas…".

Los tiempos modernos de la máquina, que Marx fecha en el siglo XVIII, fueron testigos de una singularidad tecnológica cuyos efectos serán sentidos un siglo más tarde, cuando las mercancías despierten de su letargo inmóvil e inorgánico para tomar el control absoluto de la producción. En 1858, en su famoso *Fragmento de las máquinas*, Marx afirma que la producción ya no sigue la rutina del proceso de trabajo, sino que obedece al tic-tac de las máquinas: es un *Productionsprocess* que desplaza al *Arbeitsprocess*. En el reloj de resorte de los artesanos, Marx va a descifrar una inconsciente y constante necrológica del factor obrero en el capitalismo, puesto que trabajar va a quedar reducido cada vez más a una única actividad: supervisar y dar cuerda.

El 28 de enero de 1863, mientras redactaba algunas partes para *El capital*, le comunica a Engels un descubrimiento traumático cuando releía sus anotaciones de la década pasada sobre Poppe: la filosofía de la máquina industrial, que es hegemónica en la Inglaterra contemporánea, nació en el siglo pasado al meditar una "manualidad semiartesanal":

> El reloj es el primer autómata utilizado con fines prácticos; toda la teoría de la producción del movimiento uniforme se desplegó por él (…). No hay duda de que, en el siglo XVIII, el reloj dio la primera idea de usar autómatas (*Automaten*) (a saber, movidos por resortes) en la producción. Los experimentos de este estilo que hizo Vaucanson, como es históricamente demostrable, impresionaron de modo extraordinario la fantasía de los inventores ingleses. (III/12:325)

Marx está vinculando esa explosión que nosotros reconocemos como "revolución industrial" a la figura de un relojero del siglo XVIII, Jacques de Vaucanson, el "Prometeo moderno" que con sus autómatas desquició la imaginación de su siglo. Una de sus maravillas mecánicas fue el *Pato con aparato digestivo*, que, aunque resultó ser un fraude —el ano estaba cargado—, dejaba boquiabiertos a los espectadores cuando procesaba alimentos que entraban por su boca y luego eran mecánicamente expulsados por el culo. Sin embargo, este no fue su único robot, ni el más inquietante, sino otro conocido con el nombre de *El Flautista*. De tamaño natural y apariencia de flautista, lo sorprendente era el modo en que hacía música, mediante un sistema de fuelles, tubos verticales y una boca mecánica que era capaz de imitar el soplo de la vida. Es la primera máquina que suspira.

Figura 1: Los tres autómatas de Vaucanson, el flautista, el pato y el tamborillero en el afiche que anunciaba al público la exposición de las "obras mecánicas".

Estos inventos significaron, obviamente, no solo la humanización de las máquinas, sino también una maquinización de los humanos, que poco a poco van a empezar a ser percibidos como máquinas imperfectas, costosas y huelguistas. Al fin y al cabo, la voz, que para la filosofía preindustrial de Hegel es el alma convertida en cosa audible, no es más que el silbido que produce el vapor a presión (y el anatomista Antoine Ferrein, al que le debemos la metáfora musical de "cuerdas vocales", lo demostró en un experimento espeluznante en que generó un hermoso canto soplando la laringe de cadáveres humanos, y manipulando la glotis con los dedos). En consonancia, solo entre 1770 y 1790, el abate Mical, Christian Kratzenstein, Wolfgand von Kempelen y Erasmus Darwin construirán máquinas cuya voz no remite a un ser pensante, sino que se presenta como un objeto.

Vaucanson, como lo advierte Marx, fue esencial para la fundación de la fábrica moderna y la liquidación del mundo artesanal: Luis XV de Francia, en 1741, puso al relojero a cargo de la fabricación de la seda dando origen a un telar con fuelles sobre los mismos principios mecánicos que *El Flautista*, una máquina que superó en efectividad, calidad y velocidad a los mejores artesanos de su época (y a raíz de esto, estos artesanos lioneses insultaban a gritos a Vaucanson cuando se lo cruzaban). El "relojero" James Watt, el inventor de la máquina a vapor, no hará más que sustituir los fuelles por cámaras condensadoras: el "mecanismo de transmisión" (*Transmissions mechanismus*) no sufre ninguna revolución, mientras que la "fuerza motriz mecánica" (*Mechanische Triebkraft*) del aire es sustituida por el vapor.

Al final de cuentas, en el mecanismo de escape del reloj se adivina el esquema formal y permanente de todas las revoluciones tecnológicas del capitalismo. Siempre se trata de correlacionar fuerzas (*Kräfte*), primero gracias al resorte, luego por medio del vapor y más tarde a través del milagro de la "chispa eléctrica". Esto implica una concepción peculiar de la naturaleza entendida como campo de fuerzas y al mismo tiempo una antropología específica del ser humano, que de golpe y porrazo es reconocido socialmente como fuerza, capacidad o energía de trabajo (el "*Arbeitskraft*" de Marx). La fábrica es la que socialmente administra estas fuerzas: la voluntad humana y sus modos variados de cooperación social son suplantados por la secuencia mecánica de engranajes, a las que el apéndice humano presta servicios de palanca lúcida u "órgano consciente" (*bewußtes Organ*).

Cuando redacte *El capital*, Marx advertirá que esta cosa, el reloj de resorte, es la clave ya no únicamente del maquinismo, sino del mercado mundial, el más vasto sistema de relojería luego del cosmos. ¿Y si el mercado fuera un gran mecanismo de escape universal? ¿Y si el mercado fuera un gran artefacto ubicuo que procesa fuerzas de todo tipo? ¿Y si el ojo de vidrio fuera una compleja trampera que captura energía del entorno material? Marx nombrará al mercado como "sujeto automático", "gran autómata" y "*perpetuum mobile* de la circulación", e identificará la colaboración humana en una fórmula inolvidable: "No lo saben, pero lo hacen".

Dos cosas entonces, la piedra brillante y el reloj mecánico, el oro y el trencito eléctrico. Lo cual me lleva a una breve advertencia final, de orden metodológico.

## La perversión como episodio metodológico

> Tontos quienes lamentan el declive de la crítica. Porque su hora hace ya tiempo que expiró. La crítica es una cuestión de la distancia correcta. Estaba como en su casa en el mundo donde importaban las perspectivas y las visiones, y donde era todavía posible conquistar un punto de vista. Mientras tanto, las cosas se han acercado muy vivamente al cuerpo de la sociedad humana. La "imparcialidad", la "mirada libre" son mentiras, cuando no la expresión totalmente ingenua de una llana incompetencia.
>
> Walter Benjamin, 1928, *Calle de mano única*

El estado de la cuestión sobre el fetichismo, resumido por Walter Benjamin en 1928, expresa la desesperante incapacidad de la filosofía para emanciparse del mercado y de la proliferación infinita de mercancías. La dificultad mayor para el pensamiento que se dirige al mercado está en que cada una de estas mercancías aparecen y desaparecen en una "totalidad fluida (*flüssiges Ganze*) de compras y ventas", en una dinámica tal que hasta los martillos parecen estar en *sleep mode*. Se mueve, como todo automatismo, en círculos, pero siguiendo esa forma asombrosa que equilibra la repetición con la expansión, al modo de, dice Marx, "una línea en espiral, una curva que se amplía, no un simple círculo".

Los críticos objetivos, atrincherados en la frontera exterior del mercado, por la lógica misma de los espirales no podían existir para siempre. Para ser crítico hay que asegurar una distancia con este vórtice y su campo gravitacional, las publicidades, esos condotieros de las mercancías que invadieron el siglo XX y usaron "como tablones de anuncios hasta los umbrales de nuestra conciencia" (Karl Kraus). Pero, como anotó Benjamin –por cierto, un siglo antes de que se inventara Netflix–, ya es demasiado tarde para simular entereza.

Para evitar la impostación científica, la única salida posible es la entrega, el gesto de resignación estratégica que admite que, efectivamente, yo soy otro fetichista más. En favor de esta epistemología perversa, podemos recordar aquí a Michael Taussig que en *The Nervous System* de 1992 puso en práctica esta táctica ritual cuando recuperó al *maleficium* como método sociológico. Si la afirmación de Émile Durkheim de que los hechos sociales deben ser tratados como cosas supone, como se preocuparon por subrayar sus críticos, una divinización de los hechos, la respuesta de Taussig fue aceptar esta crítica y declararse devoto de una sociología fetichista, admitiendo que efectivamente las cosas (*res*) son dioses (*deus*). En otros términos:

> ... la tarea no es resistir ni amonestar la cualidad de fetiche de la cultura moderna, sino más bien reconocerla, incluso entregarse a sus poderes-fetiche y procurar canalizarlos en direcciones revolucionarias. ¡Adelante! ¡Ponte en contacto con el fetiche!

El rechazo del fetichismo, fundándose en su carácter supersticioso o ridículo, lejos de fundar una sociología crítica, es el motivo de un reproche baladí, que se contenta con señalar que, en realidad, la sociedad no existe.

En nuestro caso, la metáfora de Marx del *Glasaugen* —y si, como dicen, una metáfora es una teoría en miniatura— señala la vía perversa para acceder al "enorme cúmulo de mercancías" de *El capital*; no hay más que adoptar el punto de vista postizo que ofrece el escaparate. Solo sincronizando nuestra mirada con la del peatón frente al "hueco ojo de vidrio" hallamos el ángulo visual desde el cual es posible captar, en una instantánea sin movimiento, la riqueza mundial bajo la forma visible de *Bild* (imagen). En efecto, la homogénea "sustancia del valor" y la fluctuante "magnitud del valor", dos verdaderos rompederos de cabeza para la economía científica, aparecen aquí como simples y vulgares imágenes en el escaparate, texturas de un único *collage* o *Hieroglyphe* donde se mezcla la silueta del carácter £ con los dobleces de las muselinas, las cifras numéricas y los maniquíes decapitados.

Una vez aceptada esta superficialidad provisional o perversión episódica, quiero decir, luego de condescender a este ojo ortopédico como implante universal, podremos entonces atravesar el vidrio e ir más allá de la *imagen* de las mercancías en dirección a la estructura.

# PRIMERA PARTE

## Introducción:
## **La jeroglificación del 'fetiche'**

> El elemento del pensamiento mismo, el elemento de la manifestación vital
> del pensamiento, el *lenguaje* es naturaleza sensible.
> Karl Marx, 1844, *Manuscritos económico-filosóficos*

Dado que antes de ser una teoría marxista o freudiana fue otra cosa, comenzaremos con algunas cuestiones ligadas al término "fetiche" para dar con el sentido familiar de Karl Heinrich. No intentaremos, por supuesto, una etimología verdadera, sea lo que sea que signifique tal cosa. Lo que intentaremos reconstruir es algo distinto, una serie de malentendidos, inútiles para dar con realidades históricas, pero indispensables para reconstruir un *rumor* o *boceto*, el sentido superficial que tenía el sonido *fetiche* en la intelectualidad del siglo XVIII y el XIX, es decir, antes que Marx y Freud lo sepultaran con su influencia postrera.

El primer encuentro de Marx con la cuestión del fetiche se produce en Bonn cuando tiene poco más de veinte años, en 1842, al ser convocado como profesor adjunto por Bruno Bauer para una cátedra sobre religión. Por supuesto, ya posee una formación en materia religiosa no solo como lector de Voltaire, Diderot, Rousseau, Kant y Hegel, sino en función de su contexto educativo más inmediato: de procedencia judía y más tarde, desde su bautismo en 1824, luterano, estudió en el bachillerato católico *Spee* de 1830 a 1835; en este año presentó su examen de religión intitulado "La unidad del creyente con Cristo según Juan 15,1-14", donde es recurrente el tema del "sacrificio" a los ídolos y donde aparece las metáfora de *Moloch*, el dios de los amonitas al que se ofrecían niños en sacrificio al fuego, y *Mammón*, el símbolo del oro en contraposición al verdadero dios. Pero, como decíamos, no es sino hasta abril y mayo de 1842 que inicia un estudio sistemático del tema; en ese lapso lee y extracta algunas obras sobre arte, mitología y religión, tales como los tres tomos de *Investigaciones italianas* de Karl Friedrich von Rumohr; el libro *La pintura de los griegos* de Johann Jakob Grund; el *Tratado de la moral de los padres de la iglesia* de Jean Barbeyrac; *Ideas sobre mitologías artísticas* de Karl Böttinger; la *Crítica histórica-general de las religiones* de Christoph Meiners; la popular *De la religión considerada en sus fuentes, formas y desarrollo* de Benjamin Constant, y, de fundamental interés para nosotros, *Del culto de los dioses fetiches* (1760) de Charles de Brosses.

De este último, Marx extrae las nociones básicas de "Fetisch" y "Fetischismus" junto a una serie dispersa e inconexa de expresiones, frases y párrafos arrastrados fuera de contexto —que es el sentido propiamente etimológico de *extractus*—, cuya inteligibilidad supone la lectura y conocimiento de la obra debrossiana. No obstante, Marx —lo cual es un excelente punto de partida para nosotros—, antes de abarrotar sus hojas con transcripciones, deja caer una definición básica del fetiche, una especie de guía inicial que condensa la geografía y la historia elemental del término:

> *Fetiche* concebido por los comerciantes europeos en Senegal, de la palabra portuguesa *Fetisso*, es decir, una cosa divina (*göttliche*), hechizada (*bezauberte*), de *Fatum, fari*. (IV/1:320)

Si desglosamos esta definición de Marx, tenemos una connotación latina (*Fatum, Fari*) que lo vincula a la Antigüedad, y dos palabras modernas (*Fetisso, Fetische*) elaboradas al calor de la colonización europea. Veamos qué resuena vagamente en cada caso para vislumbrar el mundo inédito que componen juntos.

## Fatum, Fari

Lo primero que salta a la vista de los étimos latinos es que se reconoce la figura borrosa de los oráculos de la antigüedad. Efectivamente, *Fatum* es el destino o hado, lo que sobreviene por imperio de otra ley que la voluntad humana, mientras que *Fari* remite al divagar, el cantar y el predecir, lo cual desemboca, de modo natural, en el *Orakelfetisch*, que es la cosa que *"fando"* (hablando) trasmite el *"fatum"* (hado). Este sentido oracular, en virtud de la cual los fetiches hablan, es una connotación típica para los lectores de Charles de Brosses, aun cuando ya no resuene en nuestros oídos –y recordemos que en *El capital* la prosopopeya es un recurso retórico fundamental. Y va acompañado de otro sentido, más difícil de desentrañar, que refiere al *modo* inhumano en que los fetiches transmiten el mensaje. Dos ejemplos, extraídos de Marx, nos servirán para ilustrar esta modalidad lingüística.

En primer lugar, y en relación con el fetiche leñoso de Renania –esto es, el amor incondicional de los terratenientes renanos por las ramas caídas en sus bosques–, en la *Gaceta Renana* del 27 de octubre de 1842 Marx evoca el nombre de otro fetiche leñoso, que es ilustrativo de este modo peculiar en que el *Fari* transmite un *Fatum*:

> Los oráculos, tal como los escuchamos hasta ahora, se ajustaban al oráculo de Dodona. Los impartían los árboles. La libre voluntad no tenía ninguna cualidad permanente. (I/1:218)

Según se sabe, el fetiche oracular de Dodona, que Heródoto consideraba el más antiguo de Grecia, era un roble sagrado, cuyos enunciados sibilinos eran pronunciados o escritos mediante un lenguaje de naturaleza sensible. Por ejemplo, podía expresarse de modo audible, a través del sonido del viento cortado por las ramas, pero también de modo visible, mediante la caída de una hoja, que en su descenso talla una escritura curvilínea.

En segundo lugar, recordemos otro fetiche famoso que llamó la atención de Marx. Se trata de la *gran serpiente rayada* de África, un fetiche público de Guinea que, según lee en el libro de Charles de Brosses, controla todos los asuntos locales de importancia, sea de tenor político, comercial o bélico. Marx anota en su cuaderno de extractos el modo en que este fetiche oracular decidió la batalla entre dos tribus de Arda y Ouidah mediante un signo que, a pesar de ser natural, fue inequívoco para los contendientes:

> Anteriormente la serpiente había sido la divinidad de las naciones de Arda; habiéndose hecho indignos de su protección, migró así por iniciativa propia a la nación de Ouidah y dejó Arda en el instante, donde iba a librarse una batalla entre ambas naciones. (IV/1:321)

Según esta historia, la serpiente rayada se deslizó por el campo de batalla hasta ingresar, por voluntad propia, al templo de Ouidah, y se convirtió desde entonces en la divinidad local: el destino de los vencedores fue así profetizado y el instinto ciego del reptil se impuso como razón de Estado.

## Fetisso, Fetische

La palabra *Fetisso* posee una carga histórica más precisa, ya que remite al contexto en que fue utilizado: la colonización del continente africano entre los siglos XV a XVIII. Los primeros fueron los portugueses, que, cuando llegaron a la costa occidental, asumieron que los nativos eran hechiceros y que sus dioses, por consiguiente, eran hechizos, esto es, "*feitiços*". Con el correr de los siglos, al imperio portugués le seguirán otras compañías (francesas, inglesas, holandesas, etcétera), e iniciarán la lenta pero progresiva mutación de letras –rigurosamente rastreada y documentada por el antropólogo norteamericano William Pietz– que culminará en el estable *Fetisso*, la grafía a partir de la cual las lenguas modernas construirán su voz 'fetiche'.

En ese tramo seglar, el término *Fetisso* –o similares– fue usado por los europeos para referirse a los dioses de los nativos, las "cosas divinas" o "hechizadas", pero sin acreditar ningún entendimiento de lo que dicen; más bien, sus explicaciones decantan cierta estupefacción. Por ejemplo, el topógrafo William Smith, que visitó África por encargo de la *Royal African Company*, en *A new voyage to Guinea* de 1744 informó que, según su opinión, los nativos de Guinea no tienen religión alguna, pero que, en cambio, cada uno porta un "*Fittish*", que significa lo siguiente:

> … alguna bagatela (*Trifle*) u otra cosa, a la que rinden un particular respeto o tipo de adoración, creyendo que puede defenderlos de todo peligro: algunos tienen la cola de un león; otros una pluma de pájaro, otros una piedrecilla, un pedazo de trapo, la pierna de un perro; o, en fin, cualquier cosa de la fantasía. (Citado por Pietz)

La alusión en este y otros listados a "cualquier cosa de fantasía", "etcétera", "cosas por el estilo", "todo lo demás", "y así sucesivamente" y otras variantes más o menos familiares al lector, fueron las fórmulas por las cuales se edificó la idea –quiero decir, el prejuicio occidental– de los fetiches de Guinea como cosas de "cualquier naturaleza, figura, color y materia" (palabras del misionero francés Labat en 1730) que sirven para la protección. Entre los fetiches registrados por los diarios de viajeros se advierte siempre la misma indeterminación de la materia que se prolonga al infinito: "un hueso de pollo", "una pata de cangrejo", "una víbora muerta", "un Corán", "una cabeza disecada de mono", "una nube", "una espina de pescado", "un guijarro", "cosas inmundas", "un carozo de fruta", "una brújula inglesa", "una bola de sebo en que se mechan algunas plumas de loro", "un cuerno lleno de basura", "un rosario de madera", "una cabeza de pájaro", *etcétera*.

Como observó Pietz, estas bizarras enumeraciones parecen seguir un único código, la "triple T": *Trifles, Trash, Toys*, Bagatelas, Basura y Juguetes, porque, si bien es cierto que entre los fetiches se halla, de vez en cuando, alguna cosa de valor –como el codiciado oro, el fetiche de los conquistadores–, su presencia reviste la misma dignidad sagrada que la mierda disecada o las puntas de flecha. Y es que, en sentido estricto, el fetiche no es valorado por su origen u apariencia, sino por sus efectos: lo que importa es que funcione. "Por eso –dice Marx en un artículo del 10 de julio de 1842– el rudo apetito del adorador de fetiches destruye a su fetiche cuando deja de ser su más humilde servidor".

* * *

Como síntesis, digamos que estos dos grupos de palabras, unificados por Charles de Brosses, conformaron desde la segunda mitad del siglo XVIII un único continente imaginario de dioses que Hegel caracterizó como "ahistórico e insondable" (*Geschichtslose und Unaufgeschlossene*); una galería tan insólita que soporta todo el universo visible: robles griegos, leños renanos, "chales indios, revólveres estadounidenses, porcelana china, corsés parisinos, pieles rusas y especias tropicales". En definitiva, un jeroglífico de cosas al que nos abocaremos ahora.

# Capítulo 1
# **El jeroglífico del mercado mundial**

Todas las escrituras no son tan influyentes como los caracteres que, a través de un dibujo y una representación determinadas, revelan las cosas mismas; así sucede con ciertos signos inclinados los unos hacia los otros, que se observan mutuamente, abrazándose, y que obligan al amor; otros por el contrario son opuestos, disociados que suscitan el odio y el divorcio; amputados, estropeados, rotos, que llaman a la ruina; nudos para formar lazos, caracteres desligados para deshacerlos... Semejantes eran las letras, definidas de manera más adecuada entre los egipcios por el término de *jeroglífico* o caracteres sagrados...

Giordano Bruno, 1588, *De la magia*

## 1.1. Charles de Brosses y las imágenes

El pensador Charles de Brosses, apodado por sus contemporáneos 'presidente' por haber sido efectivamente el primer presidente del parlamento de Borgoña, nació en 1709 en Dijon y falleció en 1777 camino a París. Laureado en jurisprudencia y conocedor de lenguas clásicas y modernas, incursionó en tantos campos que resulta difícil de presentar: fue etimólogo, egiptólogo, geógrafo, paleógrafo, etnógrafo, historiador, traductor, fisiólogo, latinista, arqueólogo, etcétera; en otras palabras, un *encyclopédiste*. Y, ante todo, tenía un refinado sentido del humor.

En sus *Cartas confidenciales sobre Italia*, escritas entre 1739 y 1740 como testimonio de su *Grand Tour*, se advierte, además de una conducta libertina, que toda la cultura para este aristócrata erudito no es más que la ocasión para una broma. Como reflejo de su personalidad, evoquemos el modo en que en estas cartas redujo la dignidad de la Antigua Grecia a una serie de gestos simiescos: la tragedia griega, celebrada por todo Occidente como la cumbre de la cultura, para el presidente procede de una fiesta báquica donde los campesinos arrojándose mierda y riendo a carcajadas practicaban la pantomima. De modo similar, la filosofía griega, dice el presidente, antes de atiborrarse de palabras era en realidad una pose manierista, tal como lo demuestra la *Escuela de Atenas* de Rafael, en que "cada filósofo caracteriza con su gesto y expresión su género de doctrina y opinión favoritas". Al final de cuentas, el "milagro griego" es el resultado de la expresión corporal. No por nada Stendhal, que celebró la prosa de las cartas italianas como lo mejor de Francia, lo consideró el último representante de la comedia antes de que el aburrimiento imperial anulara su existencia histórica (*"la broma,* nos dice, es la única cosa del mundo que daba miedo a Napoleón"). Todas las ideas del presidente, incluso las más serias, tienen este aire de comedia prenapoleónica, de teorías que podrían pasar por un chiste extenso.

Esta reducción irrespetuosa de la alta cultura encontrará su correlato en su teoría del lenguaje de 1765, donde defendió que todas las lenguas civilizadas proceden de un único "vocabulario universal", gesticulado anatómicamente por los primeros hombres. Esta tesis fue presentada en dos volúmenes bajo el sugerente título de *Tratado de la formación mecánica de las lenguas y de los principios físicos de la etimología.* Según aventuró, los primeros fonemas de la humanidad nacieron del mismo modo que la palabra en la cacatúa, repitiendo el universo circundante mediante contracciones de la garganta. La voz es el resultado de una combinación mecánica entre la columna ascendente del aire pulmonar —el sonido silábico universal—, la filtración por el hueco anatómico de la laringe —cuya diversidad biológica es el fundamento de la diversidad de entonaciones— y entrecortado por contracciones anatómicas —las interjecciones mecánicas que originan las consonantes—. Esta genealogía, tan ridícula como atractiva, no es extraño que llamara la atención de los constructores de autómatas parlantes como Wolfgang Von Kempelen, que para su *sprechende Maschine,* a base de fuelles, adoptó a de Brosses como bibliografía obligatoria.

En fin, esto es todo lo que diremos del autor y su carácter, para adentrarnos ahora en su obra de 1760, cuyo título completo es *Del culto de los dioses fetiches, o paralelo de la religión antigua de Egipto con la religión actual de Nigricia.* El interrogante que vertebra la obra y a la que pretende dar respuesta –esto no puede sorprendernos– es el misterio del *Egyptianisme*, esto es, la razón por la cual los antiguos egipcios adoraron a las bestias como si fueran dioses. No es el primero en intentar esta explicación. Al respecto, sabios antiguos, medievales y renacentistas habían intentado esta justificación, y llegaron a la conclusión de que cada animal, en función de sus características propias como especie, es el símbolo de una idea profunda. Esto significa que, para entender el egiptianismo, no hay más que interpretar correctamente las especies.

Para ilustrar, el presidente no pierde oportunidad para comunicar la "sensatez", "plausibilidad" y "justeza" de los egiptólogos, las "sabias", "mejores", "apropiadas", "prudentes" y "justas" opiniones de estos doctos sobre los animales. Por ejemplo, dicen estos señores que el cocodrilo, en tanto no tiene lengua, evidentemente es el *"symbole de la Divinité"*, porque sin proferir palabra imprime la "ley eterna de la sabiduría"; la comadreja, en tanto concibe por el oído y da a luz por la boca, es –obviamente– el *"symbole de la parole"*; que la musaraña, en tanto ciega, es el símbolo de la oscuridad informe que precede a la luz; que el gato, en tanto tiene manchas y es nocturno, es un emblema de la luna; y que la víbora áspid y el escarabajo, demás está aclararlo, son los emblemas del sol, porque la víbora, al igual que el astro solar, no envejece y camina sin piernas, y porque el escarabajo, también al igual que el sol, recula en contra del movimiento del *"premier mobile"*, yendo de Oriente a Occidente.

Pues bien, para de Brosses, el sabio que ríe, toda esta ficción monstruosa tiene un fundamento histórico. Los historiadores clásicos fueron víctimas de un complot organizado por las "personas más misteriosas del universo", un engaño que fue montado por los sacerdotes egipcios cuando vieron llegar caminando a los filósofos griegos. En efecto, sorprendidos por Occidente en pleno acto de adoración animal, y no encontrando nada inteligente como excusa, optaron por "dejar creer que se guarda un secreto, de afectar el misterio, para no explicar sino la mitad y a unas pocas personas". Nació así el *"mystère"* en la literatura occidental, la roca contra la cual irán a estrellarse centenares de eruditos tratando de dar con el sentido arcano, oculto y eterno del cocodrilo. Este escorzamiento intelectual de lo que en realidad tenía dos dimensiones ocultó el hecho evidente de que los jeroglíficos egipcios no representan nada, sino que se agotan en la reproducción de "la corteza y el objeto visible". Detrás del velo de misterio nunca hubo nada, porque, por así decir, todo estaba pintado en el velo: las imágenes no eran representaciones, sino grafitis que testimoniaban un gusto desmedido por las bestias (las escenas de bestialismo egipcio evocadas por Heródoto, en que algunos copulan con el macho cabrío, apoyan esta lectura que se inclina a revelar la zoolatría como zoofilia).

Pues bien, ¿qué tiene que ver todo esto (*la religión antigua de Egipto*) con los fetiches de Guinea y sus incatalogables colecciones de dioses (*la religión actual de Nigricia*)? De Brosses tiene una hipótesis que explicaría la continuidad histórica de Egipto y Guinea en su vecindad continental, el *paralelo* que aparece en el título del libro: la clave para entender los misterios arcanos está en advertir que los egipcios "no tenían en ese sentido un culto religioso más refinado que el que siempre han conservado los demás africanos, sus vecinos". La adoración de fetiches en la costa occidental de África es la auténtica y preservada "religión general" del pueblo egipcio, y puesto que no existe un nombre para esta religión, de Brosses inventa un neologismo: *fetichisme.*

> Les pido que se me permita servirme habitualmente de esta expresión y, aunque en su significación propia ella refiere en particular a las creencias de los negros del África, advierto de antemano que lo voy a utilizar para hablar de cualquier otra nación en que los objetos de culto sean los animales o seres inanimados que se los diviniza; incluso lo utilizaré a veces para aquellos pueblos en que los objetos de esta especie son menos dioses propiamente dichos que las cosas dotadas de una virtud divina, los oráculos, los amuletos y los talismanes protectores.

Como deja entender aquí –y va a dar cumplimiento riguroso de esta exageración–, los egipcios van a ser recategorizados como adoradores de fetiches, al igual que cualquier individuo o nación que adore alguna *chose feé, consacrée, enchantée, divine* o *sacre*, régimen plástico al que no escapará ninguna creencia de Oriente a Occidente. El pozo infinito de la enumeración de fetiches es universalizado a todo tiempo y lugar donde los dioses sean cosas animales o inanimadas, como sucede con los nativos de Ouidah que adoran a la *serpent Fétiche*; o lo antiguos egipcios que divinizaron al toro; o los brasileros que le rezan a una calabaza gigante; o los antiguos celtas que tiene al bosque por sagrado; o los españoles por su búsqueda interoceánica del oro (el *Fétiche des Espagnols*); o los babilónicos, que adoraban al gran dragón (δρακων o *drakón*, esto es, un reptil grande); o los Apalaches por su devoción a la montaña Olaïmi; o los romanos por su culto a las jabalinas; o los indios por su amor a los bovinos y el Ganges; o los griegos primitivos que tomaron al roble por oráculo; o los jugadores de lotería y los marineros de alta mar por sus amuletos de la suerte; o los niños por sus pequeños dioses portátiles, los *poupées* (muñecos); o los persas, que, cuando arrojan un leño al elemento, le dicen "tuyo, Señor fuego, coma".

Y más allá de este dislate, que no es más que una amplificación intemporal e internacional de los listados bizarros de los *voyagers* o *marins*, el presidente de Brosses unifica este colectivo internacional bajo un único aspecto central, y es que "las piedras y otros fetiches animales no representaban nada", sino que son adorados en sí mismos, como *choses*. Más técnicamente, el fetichismo es un culto "sin figura", "simple y directo", "directo y no relativo", que como tal está "directamente dirigido" al aspecto manifiesto. De ahí que el *culte direct*, lo mismo que el '*das direkte Objekt*' de Freud o el '*Goldfetisch*' de Marx, sugiere que estos fetiches no deben estudiarse en el registro de la idealización como si fueran estatuas fallidas, sino enfocándose en su estatuto presimbólico. Pues, como aclaró Hegel, no son imágenes de dioses, sino *Götzenbildern*, dioses que son en sí mismo imágenes.

Por último, del mismo modo que el arte, la filosofía y el lenguaje, como insinuamos al comenzar, tienen una raíz puramente corporal para el presidente, el fetichismo es definido como una "forma de pensar" (*façon de penser*) cuya marca distintiva es que no se expresa simbólicamente mediante signos, sino corporalmente mediante una "forma de hacer" (*façon de faire*). Los fetichistas, al igual que los niños, están más allá de la división entre mente y mano porque simplemente "actúan como razonan": la interioridad de su conciencia se agota por completo en la exterioridad de sus ritos. Sobre este supuesto, lo que de Brosses llama el "método" del fetichismo no son más que una serie de prácticas salvajes que, más allá del fin que promueven (consagración, adivinación, protección), reproducen siempre la misma forma de pensar.

El modelo de este método fetichista lo extrae de *Una nueva descripción precisa de la Costa de Guinea*, obra publicada en 1703 por Willem Bosman. Este antiguo empleado de la Compañía Neerlandesa de las Indias Occidentales, según dice, transcribió la respuesta que le dio un "informante" nativo cuando le preguntó por la diversidad de sus dioses.

> … la cantidad de nuestros dioses es infinita e innumerable, porque cuando cualquiera de nosotros está resuelto a emprender algo de importancia, en primer lugar, buscamos un Dios para que nuestra empresa prospere y, saliendo por la puerta con este designio, tomamos la primera criatura que se presenta a nuestros ojos como nuestro dios, sea un perro, un gato o el más deleznable animal sobre la tierra o, tal vez, de cualquier ser inanimado que cae en nuestro camino, sea una piedra, un pedazo de madera o cualquier otra cosa de la misma naturaleza.

De Brosses, lector de Bosman, subraya que la apelación a 'lo primero' contiene el secreto funcionamiento de un método fetichista cuya lógica se confunde con los procesos aleatorios, con la más estúpida contingencia. Al respecto, los ejemplos en *Del culto de los dioses fetiches* se cuentan por decenas: en Canadá, el dios Oïarou de los iroqueses, que puede ser una pipa, una planta o un animal, es "la *primera bagatela* que han visto en sueños"; en Yucatán, para elegir el dios tutelar, dejan al recién nacido cubierto de cenizas expuesto durante toda la noche, para volver al día siguiente e identificar las huellas del *primer animal* que se aproximó; en Egipto, unos hombres que consultaron al oráculo de Amón, ante el silencio del dios, salieron del templo y las *primeras palabras* que escucharon fueron tomadas por respuesta; y también:

> Por ejemplo, los brasileños tienen por fetiche ordinario una gran calabaza seca, en la que arrojan granos de maíz o pequeñas piedras: cada hogar tiene el suyo al que le ofrecen regalos. Es su Dios Lar cuyo uso está especialmente

consagrado a la adivinación: es allí donde creen que el espíritu reside y da sus respuestas, cuando uno consulta el ruido que hace esta especie de instrumento, como los salvajes griegos de Tesprotia consultaban el sonido del caldero del Dodona golpeado por pequeñas cadenas suspendidas y agitadas por el viento; como los africanos consultan sus Gris-gris talismánicos; o como los egipcios consultaron este objeto poco conocido, esta máquina adivinatoria compuesta de muchas joyas, cuya brillo combinado sirvió para conjeturar el porvenir, y que los hebreos, sus vecinos, llamaron Urim y Tumim, es decir, las luces maravillosas.

En todos estos casos, las imágenes o sonidos no fueron elegidos, ni razonados, ni mucho menos deducidos, sino *encontrados*: de ahí que la esfera de lo sagrado pueda tolerar a dioses como las constelaciones o los mosquitos, pero nunca a las ideas. Y de ahí que, en la infinita variedad de los fetiches, lo único que acota su arbitrariedad es el espacio circundante que rodea los encuentros posibles: del mismo modo que en Sigmund Freud los fetiches son cosas que normalmente orbitan al cuerpo materno (el zapato, la cofia, la media, el culo, la trenza, etcétera), los dioses egipcios, como testimonian los jeroglíficos, no son más que imágenes que gravitan cerca del Nilo (el cocodrilo, la mangosta, la víbora áspid, el buey, etcétera).

## 1.2. Restif de La Bretonne y los tipos

Abandonaremos ahora las enumeraciones —el género predilecto del fetiche moderno— para buscar a nuestro perverso. Dado que cada perversión tiene su propio representante —el Marqués de Sade para el sadismo, Leopold von Sacher-Masoch para el masoquismo—, nuestro fetichista ejemplar será Nicolas Edme Restif de La Bretonne (1734-1806), novelista ilustrado, libertino y reformista social, que escribió una cantidad asombrosa de libros —casi unas sesenta mil páginas—. Una obra inagotable que en su tiempo fue elogiada, aunque el juicio de la memoria postrera lo recuerde como un simple degenerado.

Como reformador, fue un entusiasta: propuso la reforma del teatro (*Le Mimographe*), de las mujeres (*Les Gynographes*), de la conducta

(*L'Andrographe*), de los deseos (*Le Thermographe*), de la ortografía (*Le Glossographé*) y de las prostitutas (*Le Pornographe*); también escribió una utopía fabulosa que tituló *El descubrimiento austral por un hombre volador* que transcurre en Tierra del Fuego y otra que llamó *El campesino pervertido*, la cual Durkheim consideró una variación tardía de Rousseau. Como novelista, escribió incontables historias, como *El pie de Fanchette o el zapato color de rosa*, donde sus personajes practican un amor abierto por los piecitos femeninos y sus envolturas; y otro tanto puede decirse de sus extensas autobiografías. En honor a estas confesiones es que se inventó el término *retifismo*, para nombrar la parafilia del rubro del calzado, sin duda el más popular de los fetichismos sexuales hasta el día de la fecha.

El aporte de sus novelas para caracterizar el cuadro perverso fetichista fue casi ignorado, pero esto puede tener una explicación razonable. Si lo comparamos con su contemporáneo y enemigo público, el Marqués de Sade –al que le dedicó una novela pornográfica, titulada *La Anti-Justine o Las delicias del amor*–, cuyas obras sirvieron a un hiperdesarrollo teórico del sadismo, Restif es apenas mencionado como el primer adorador confeso de chinelas. Esta divergencia de destinos entre perversos puede deberse a varias razones, comenzando por la más pedestre, y es que la prosa de Sade es incomparablemente más filosófica que la de Restif. Hay, sin embargo, una razón de fondo para que esto sea así, que se vincula directamente con la escena sexual. Veamos.

El sádico compone un mundo de persecuciones y torturas, donde las laceraciones son acompañadas por fabulosos soliloquios: la "instrucción sádica", como observó Gilles Deleuze, arrastra todo, incluido el razonamiento, a la violencia. El fetichista, en cambio, es una figura pacífica y en cautiverio, que prescinde del esfuerzo del sexo y la palabra; le basta con que *algo pueda darse de un modo determinado* para que se encienda el fuego de la excitación. Por eso la singularidad del fetichista hay que buscarla en el famoso "ojo de la cerradura" que procesa mujeres enteras y devuelve la imagen de una pantorrilla nacarada o una teta en eclipse. El fetichista nunca aparece revelado en el interior de la novela como el sádico en sus personajes, precisamente porque aparece en la antesala, en el punto de vista desde el cual algo es observado, como las cabinas masturbatorias de *peep-show*.

Para capturar el fetichismo de Restif hay que, entonces, someter la dramaturgia a un encuadre distinto, la *tipografía*, la zona donde el lenguaje es desmembrado en tipos móviles. Y es que nuestro perverso ejemplar aprendió desde joven este oficio, que incluía –a diferencia del impresor, que podía ser semianalfabeto– la tarea de corrector. En ese entonces era un trabajo de precisión artesanal hoy ensombrecido por el *copy-paste*, la secuencia de tecleos Ctrl-X y Ctrl-V, que cualquier inhábil está en condición de hacer. El antiguo tipógrafo disponía de la caja de composición donde dormitaban los tipos móviles de metal fundido, el bosque mineral de plomo que, secuenciado correctamente, podía ser una página de Don Quijote: las minúsculas, mayúsculas, números, signos y espacios se hallaban en la sección más cercana; más alejado el sector de los tipos excepcionales, como las letras adornadas, los filetes y viñetas, o los tipos de las lenguas orientales como el alfabeto griego o el hebreo; y, por último, los distintos tipos de letras, que en la tipografía humanista pasaron por varias revoluciones (Garamond, Baskerville, Bodoni, Didot, etcétera). El tipógrafo formaba las líneas en una madera llamada regleta tipográfica, las deslizaba en una placa rectangular y luego de pintar las letras, las volcaba en la impresión.

Toda esta labor de 'composición tipográfica' con sus aberturas y oclusiones tenía el trágico destino de pasar a la clandestinidad cuando el lector abría el libro; y si el tipógrafo era alguna vez recordado o nombrado en voz alta, era porque alguna transgresión involuntaria suspendía el sueño hipnótico: la errata. Este arte refinado, que los ingratos confunden con una técnica, hace de cada letra una arquitectura y de cada arquitectura una letra. Como lo expresó Adrian Frutiger, el tipógrafo suizo que inventó la letra más legible para computadoras (el OCR-B, usado en tarjetas de crédito, cheques y transferencias), la tipografía es un dispositivo arquitectónico que emite luz:

> Si se lee la escritura como imagen y no como alfabeto, el espacio y los elementos aparecen en proporción y orden determinados. Los signos de la escritura captan, activan y regulan la luz. (traducción de J. Chamorro Mielke)

Sin embargo, el imperativo disciplinar de que la tipografía debe ser transparente –o que el edificio tiene que ser habitable–, supedita la imagen a la función de comunicar, como en el caso del aclamado *Times New Roman* de Stanley Morrison, cuya sobriedad y monotonía es un voto a favor del pensamiento. Lo cual, por supuesto, no es así para nuestro fetichista ejemplar.

Nicolas Edme, cuando fue empujado por las circunstancias adversas a imprimir sus propias obras, puso en práctica una tipografía bizarra e impresionista, de un modo solo comparable a las aguafuertes poéticas de William Blake o los caligramas de Guillaume Apollinaire. El novelista Gérard de Nerval, en *Los iluminados* de 1852, arrojó unas generosas pinceladas sobre el proyecto de este "precursor del socialismo", el mayor de todos los reformismos retivianos.

> Por lo demás, no componía más que sus propias obras, y tal era su fecundidad, que ya no se esforzaba más en escribirlas: de pie delante de su caja, el fuego del entusiasmo en los ojos, ensamblaba letra a letra en su componedor las páginas inspiradas y plagadas de faltas cuya bizarra ortografía y excentricidad calculada fue observada por todos. Tenía por sistema usar en el mismo volumen caracteres de diverso grosor, que variaban según la presunta importancia de uno u otro pasaje. El cícero era para la pasión, para los lugares de gran efecto; la gallarda para el simple relato o las observaciones morales; la pequeña romana concentraba en poco espacio miles de detalles fastidiosos, pero necesarios (...). A menudo, queriendo marcar las largas y las breves al modo latino, empleaba, en medio de las palabras, sea las mayúsculas, sea las letras de un tamaño menor; y muy a menudo acentuaba singularmente las vocales, y abusaba especialmente del acento agudo.

A través de *cicéro, gaillarde, petit romain*, Nicolas Edme, que en su autobiografía se autodenominó como un "grafómano imaginativo", arrastró al lenguaje y a los lectores hacia el hueco ojo de vidrio, su verdadera obra maestra, donde el discurso de las ideas se somete a una composición mayor. Es aquí donde alborea su personalidad perversa, cuando promueve en el lector la suspensión de la profundidad ensoñada del relato y los géneros literarios, a favor del impresionismo de sus grafos: por eso el erotismo, para el caso, no está en el contenido porno, sino en la más sensual de las tipografías, la *itálica*, cuyas figuras se recuestan unas sobre otras. En definitiva, la trama aristotélica de principio, desarrollo y fin es desgranada en la secuencia de tipos, donde la superficialidad del espacio sabotea la profundidad de la tragedia (género que, por otro lado, detestaba).

También añadió transgresiones en el texto que interrumpen la narración y la devuelven a las dos dimensiones de la impresión y la tinta: la *falta de ortografía* que desencaja la naturalidad de la palabra, el abuso de *paréntesis y corchetes*, la *abreviatura* bizarra, la invención constante e innecesaria de *neologismos*, el uso descabellado de los *etcétera* hasta cantidades demenciales, las acumulación de *puntos suspensivos* que tapan media página, la unión de largas ideas mediante *guiones*, etcétera. Y, continuando con Gérard de Nerval, no olvidemos sus códigos absurdos, que provocan la indignación del lector:

> A veces le placía ensayar un nuevo sistema ortográfico; le advierte repentinamente de ello al lector por medio de un paréntesis, para después proseguir el capítulo, ya sea suprimiendo una parte de las vocales, a la manera árabe, ya sea despeñando en desorden las consonantes, reemplazando las c por la s, las s por las t, y las últimas por la ç, etc., siempre de acuerdo a reglas que desarrolla largamente en sus notas.

Y, por último, bajo el mismo proyecto perverso hay que interpretar otro recurso excesivo de Restif, las minas terrestres de la escritura académica, como las *citas al pie* o las *notas al final*, tan extensas que llegan a duplicar el tamaño del libro con comentarios enciclopédicos que no resignan ningún dato disponible de la época.

Resumiendo, toda la obra retiviana es un gran manifiesto visual por una escritura perversa; tanto y más fetichista por su composición tipográfica que por sus relatos cargados de personajes que desfallecen por un par de zapatitos lustrosos.

## 1.3. Karl Marx y las mercancías

Hay un modelo de enigma en Marx cuando recurre al misterio de los antiguos egipcios para presentar el problema del valor, quiero decir, al postular al *Hieroglyphe* como metáfora del mercado mundial. Al igual que el libro de Charles de Brosses, *El capital* presenta al secreto del valor como una sugestión alucinatoria, pero en este caso elaborada por la economía política, de William Petty a Adam Smith y de Pierre Le Pesant de Boisguilbert a David Ricardo. Como hermeneutas, el método de todos ellos se basó en retroceder hasta el origen industrial de cada imagen para dar con la causa del valor. Así, frente a un escaparate cualquiera, descifraron que la sustancia común de todas las imágenes es el "esfuerzo y la fatiga" (*the toil and trouble*) contenido en los productos. En resumidas cuentas, el mercado mundial, en tanto jeroglífico, vendría a ser un sistema de representación cuyo representado, el objeto ausente, debe buscarse en otra parte, en los circuitos de la producción.

Esta hermenéutica, ciertamente, vale la pena, pero no se acerca al descifrado del jeroglífico social que componen las mercancías. Al igual que las palabras, las mercancías son humanamente producidas, pero su sentido no está en esa producción:

> Más tarde, los hombres buscan descifrar el sentido del jeroglífico, descubrir el secreto detrás de su propio producto social, pues la determinación del valor de uso como valor es su producto social a igual título que el lenguaje. El descubrimiento científico posterior, de que los productos del trabajo, en tanto valores, son meras expresiones cósicas del trabajo humano gastado en su producción, hace época en la historia del desarrollo humano, pero de ningún modo disipa el brillo (*Schein*) objetivo de los caracteres sociales del trabajo. (II/6:105)

En otros términos, para la dilucidación del mercado y sus efectos, es tan revelador descubrir la génesis productiva como lo es para los jeroglíficos egipcios el advertir que fueron hechos por humanos y no por extraterrestres.

Más bien, lo que sugiere *El capital* como punto de partida es que la multiplicidad de mercancías (*una bola de sebo con plumas incrustadas, una brújula inglesa, la cola de un león, cosas inmundas, etcétera*) no sean remitidas al trabajo concreto como esencia subjetiva, sino concebidas al modo de un lenguaje de naturaleza sensible y exterior, esto es, como el fetiche de Charles de Brosses y el de Restif de la Bretonne. El mercado mundial, aunque originariamente proceda de la actividad humana, se presenta como un escaparate compuesto por entidades sensibles, una hoja retiviana en donde todas las mercancías se confunden en una única perspectiva discontinua de cosas. Se trata, sin duda, de un lenguaje, pero cuya sustancia no es algo interior, subjetivo y suprasensible ("las ideas, dice Marx en 1857, no existen separadas del lenguaje"), sino algo socialmente expuesto.

Esta recomendación tiene un peso fundamental cuando "los hombres buscan descifrar el sentido del jeroglífico" llamado mercado, antes como ahora. Más allá de la génesis de cada producto, se trata de reconocer al jeroglífico como una ley socialmente objetiva que tiende a la presentación –y no a la representación– de las mercancías como imágenes expuestas. Como veremos, esto implica resistir a la tentación gótica de cierto marxismo, más fascinado por las momias que por los caracteres sagrados.

Para terminar, haremos un señalamiento. Esta exigencia metódica de jeroglificar, que es el punto de partida para adentrarse en el misterio de la mercancía, es nuestra exigencia metódica, muy oportuna frente al detrimento contemporáneo de la profundidad de la palabra en pos de la superficialidad de la imagen. La sociedad "postliteraria" puede ser considerada como una actualización del diagnóstico de Marx, lo que supondría a su vez que el llamado 'giro icónico' o 'giro pictoral', emprendido por los especialistas en cultura visual a fines del siglo XX, sea menos un despertar intelectual que la reacción normal a una mercantilización cada vez más universal y agresiva del vínculo social, pautada originariamente hace casi dos siglos por la expansión del mercado mundial. Internet mismo puede ser leído como una escritura alfabética, programada inicialmente en inglés –la voz de los primeros programadores–, que luego se desarrolló como un lenguaje secuenciado en imágenes.

Más globalmente, podríamos decir que el *meme* y el *emoji*, el lenguaje troglodita de hoy, son los sustitutos mercantiles del viejo lenguaje de la literatura, al que cada vez se le concede menos importancia (el progreso en la abreviatura y la estandarización de los mensajes destinados a la comunicación, en sí mismo, son también parte de esta tendencia retiviana). Con el historietismo del manga japonés –de donde procede el *meme*– y los ideogramas japoneses –de donde procede el *emoji*– hay una especie de retorno a la imagen como lenguaje ritual. En cierta forma, la japonización de Occidente, profetizada por Alexandre Kojève para el fin de la historia, encontró aquí una vía curiosa de realización: la dialéctica histórica del lenguaje, el dinamismo vivo de la lengua oral –que Hegel identificó como "la fuerza de poner nombre"– es reemplazada por un esnobismo lingüístico, basado en la repetición sin progreso de una serie de jeroglíficos o "gestos congelados".

De universalizarse este proceder, ya no será necesario como en el caso de Marx recurrir a paralelos extraños entre el lenguaje alfabético occidental y el lenguaje jeroglífico oriental para clarificar al lector el modo en que aparece la riqueza social, puesto que cada unidad mínima de cultura será, en sí misma, una realidad destinada a la egiptología corporal de Charles de Brosses o a la tipografía escópica de Nicolas Edme. El caso más extremo de este proceso es *Emoji Dick* de Fred Benenson, una traducción colectiva del *Moby Dick* de Herman Melville al lenguaje jeroglífico, donde la primera línea, *Call me Ishmael*, aparece bajo la siguiente secuencia barbárica de imágenes:

Y esta es, sin duda, la mejor imagen actual que resume el jeroglífico de las mercancías de Karl Marx.

# Capítulo 2
# **El enigma de la mercancía que convulsiona**

¿Es un hecho, o lo he soñado, que, gracias a la electricidad, el mundo material se ha convertido en una gran nervadura en la que vibran cientos de miles en un punto del tiempo sin aliento? Más bien, sucede que la redonda orbe es una cabeza gigantesca, un cerebro, instinto con inteligencia. ¿O deberíamos decir que es un pensamiento en sí mismo, nada más que pensamiento, y ya no la sustancia que creíamos?

Nathaniel Hawthorne, 1851, La casa de los siete tejados

## 2.1. Espectro obrero

El 31 de marzo de 1848 en un pueblito de Hydesville, Nueva York, en el interior de una morada que Arthur Conan Doyle reconoció como la estancia más histórica del mundo –¡precisamente de ese año!–, se apretuja la familia metodista Fox. Están encerrados en una misma habitación como respuesta al temor de lo desconocido, porque hace meses que el mobiliario de la casa hace ruidos extraños durante la noche y nadie logra conciliar el sueño. Lo que sucedió en esa fecha fatídica es que estos ruidos invadieron la habitación de los Fox y fueron incrementando su violencia hasta sonar como puños desencajados golpeando la pared de la casa. Y una de las niñas, la pequeña Kate –la menor de las hermanas, con apenas once años de edad– realizó el gesto que dará nacimiento a un nuevo Medioevo. Tuvo la idea revolucionaria de aplaudir con sus manos, y los golpes, contra toda expectativa, respondieron… el telégrafo espiritual, por fin, empezó a transmitir.

Con la pequeña Katherine Fox nace míticamente el *espiritismo moderno*, que reposa en una hipótesis simple, expresada por Arthur Conan Doyle en *The History of Spiritism* de 1926:

> Esos sonidos consistían en ruidos secos de golpes. Unos golpes que parecerían
> ser el sonido innatural producido por visitantes exteriores, cuando desean
> notificar su presencia a las puertas de la vida humana y el deseo de que esa
> puerta les sea abierta.

La hermenéutica de Conan Doyle sobreentiende que los sonidos del mobiliario son la expresión de una voz sin boca. Y se trata, a juzgar por el momento histórico (el famoso "año de las revoluciones"), del grito sofocado de los ebanistas, de la clase trabajadora reclamando ser reconocida como la esencia de los muebles.

El término 'hipótesis', sin embargo, debería aquí ser sometido a una breve revisión. Allan Kardec —el inventor del término 'espiritismo' y solitario fundador de la vertiente latina—, introduce una aclaración notable en su biblia *El libro de los espíritus* de 1857:

> El ser misterioso que respondía así, interrogado sobre su naturaleza, declaró
> que era espíritu o genio, se atribuyó un nombre, y proporcionó información
> variada sobre el respecto. Es esta una circunstancia muy importante de anotar.
> Nadie imaginó a los espíritus como un medio para explicar el fenómeno; es
> el fenómeno mismo el que revela la palabra. Sucede a menudo en las ciencias
> exactas que planteamos hipótesis como base para el razonamiento, pero este
> no es el caso.

*Esprit ou génie* es la respuesta que le ofreció la mesa a Kardec ante su pregunta acerca de la naturaleza de los interlocutores y esta respuesta es colocada, en el mismo párrafo, al nivel de una reacción química, cuya autoridad es puramente experimental (como Isaac Newton, Kardec podría haber dicho *hypotheses non fingo*). Y, ciertamente, para una corriente que declina la teoría en nombre de la manifestación o de la aparición, seguir este curso empirista parece natural.

En un artículo inédito de Friedrich Engels —de fecha imprecisa, aunque posterior a 1878—, titulado "Los naturalistas en el mundo de los espíritus", Engels se enfrentó al dilema de que grandes mentes de naturalistas ingleses sucumbieran a esta imbécil moda "importada de Norteamérica" con tanta facilidad. Casos emblemáticos fueron Alfred

Russel Wallace, precursor de la teoría evolucionista de Charles Darwin, y William Crookes, el químico que dio con el talio e inventó el tubo de rayos catódicos. La lúcida conclusión de Engels es que el empirismo inglés y el espiritismo norteamericano comparten una subestimación de la teoría y una sobreestimación de la experimentación que los hace compatibles, lo que se advierte del mejor modo en el gusto de unos y otros por las fotografías como prueba irrebatible (y es que la fotografía, como decía un científico galés de 1842, es un proceso por el cual "los hechos escriben sus propios anales", en que la explicación cede a la aparición).

Es en este rechazo a teorizar y está inclinación al experimento donde debemos buscar el carácter moderno del espiritismo, que no admite confundirse de ningún modo con el misticismo al estilo del sueco Emanuel Swedenborg, que en el siglo XVIII tuvo una charla directa con el mismísimo señor en su casa londinense, y que redactó miles de páginas iluminadas definiendo con precisión el cielo y sus costumbres. En contraste, el espiritismo es un sobrio archivo de fotografías y registros de mensajes del más allá. Por eso, si el misticismo se desarrolla en tratados cada vez más complejos y profundos, el espiritismo lo hace revolucionando constantemente sus medios de comunicación con el otro lado, mejorando la comodidad, calidad y velocidad de circulación de datos. No por nada esta técnica espiritual fue concebida como el primer cableado al inframundo y recibió el nombre, por su contemporáneo Samuel Morse, de "telegrafía espiritual".

El primer telégrafo espiritual estandarizado es atribuido a Isaac Post, un cuáquero amigo de la familia Fox, que inventa y divulga lo que se conoció indistintamente como mesa danzarina, mesa giratoria o mesa parlante. Gracias a este mueble ya no era necesario esperar a ser sorprendido por un espíritu, con toda la incomodidad que eso supone. Podía recurrirse a un experimento controlado, en que los difuntos eran invocados para sonsacarle chismes o secretos que arrastraron a la tumba, simplemente usando una *mesa*. Pronto salieron de fábrica las primeras mesas con el fin explícito de hacer contacto con el más allá, cuya característica visible era que venían con tres patas en lugar de cuatro, para que el difunto convocado pudiera apoyarse cómodamente sobre las dos traseras y usar la tercera como pulsador telegráfico. Probablemente, quien aprovechó mejor que nadie esta mesa fue el escritor Victor Hugo durante su exilio en la isla británica de Jersey, en que mudó de poeta a copista, y compuso un drama en donde partes enteras le fueron dictadas por ¡el difunto Shakespeare! También mantuvo interesantes charlas con Platón, Galileo y Jesucristo, aunque —y este es un punto crítico del espiritismo moderno— reconociendo lo difícil que es acreditar su identidad. A diferencia de los ángeles de Swedenborg, que no conocen la mentira, los espíritus son frecuentemente embusteros para llamar la atención.

En cuanto al código, el sistema de golpes ofrecía inicialmente un sistema binario de respuestas, "sí" o "no", uno o dos golpes —similar al punto y raya del código Morse— o haciendo coincidir el alfabeto con cantidades de golpes —uno para la "a", dos para la "b", y así hasta el final del abecedario—, y, aunque garantizaba una comunicación exitosa, se limitaba a un tipo de preguntas cerradas y tendenciosas. Una mejora notoria en este sistema se logró vociferando el abecedario hasta que la mesa lo detuviera con un golpe, lo cual reportaba riquísima información, aunque todavía de tráfico muy lento. Hasta este punto, las mesas parlantes, si bien eran construidas para dar una respuesta al imperativo de la comunicación, no sacrificaban su apariencia de mueble común y corriente. Pero a mediados del siglo XIX, la telegrafía espiritual da un salto tecnológico solo comparable con la aparición de las *tablets*: la *planchette*.

Figura 2: Imagen publicitaria de una Planchette fabricada en Boston cerca de 1860.

Este artilugio plano y con forma acorazonada poseía unas pequeñas ruedas y un orificio para que pudiera atravesarse un lápiz y así dar rienda suelta a la comunicación con el inframundo. Según Kardec, este nuevo dispositivo es sugerido por el reino de los espíritus en sesiones simultáneas en todo el mundo el mismo y exacto día, el 10 de junio de 1853, dando comienzo a su elaboración artesanal para provecho de los círculos especializados. El espiritismo como tal es, por lo tanto, introducido, fundado y desarrollado por los espíritus mismos.

Robert Dave Owen –hijo del famoso reformador socialista– lo introduce en Norteamérica y empieza a fabricarlo en serie. Y para fines de la década de los sesenta, la *planchette* es un producto altamente rentable que se diversifica rápidamente por el empuje de la competencia (por lo menos hasta 1890, en que una firma norteamericana se impondrá con su nueva patente, la *Ouija*, que, además de las letras y los números, traía "yes", "no" y "good bye"). La popularización de la *planchette* fue tal que significó una verdadera reforma protestante en el interior del espiritismo, al punto que los médiums debieron salir a pronunciarse contra este peligroso invento que puenteaba su rol de mediadores con el mundo de los espíritus. Ya no eran necesarios los médiums –y su queja se hizo escuchar–, sino que cualquiera podía convertirse en un operador telefónico mediante la menuda y caprichosa *planchette*. De fácil uso, los usuarios del servicio espiritual habían abandonado los enormes pulsadores telegráficos y las onerosas interfaces humanas para adoptar, en su lugar, los delicados punteros deslizantes en que, manteniéndose tiesa sobre sus patas, era capaz de desplegar sus ideas suavemente ("surfeando" sobre la mesa).

Pues bien, en *Das Kapital*, Marx recurre a esta mesa espiritista como modelo emblemático e indudable de cada mercancía moderna. Precisamente cuando se dispone a explicar el fetichismo, le recuerda al lector que ciertamente los productos son cosas ordinarias, como la mesa, hecha por el carpintero. Pero al ingresar como mercancías al mercado mundial se transmutan en "cosa sensorialmente suprasensible", es decir:

> No solo se para en el suelo sobre sus pies, sino que sostiene su cabeza confrontada a las demás mercancías, y despliega quimeras de su testa leñosa más bizarras que si se lanzara a bailar por voluntad propia. (II/6:102)

De este modo súbito, Marx introduce el "enigma de la mercancía" con la máquina de escritura automática del siglo XIX, subrayando que la mesa posee una misteriosa "objetividad espectral (*gespenstige*)" que la anima. Este es el momento decisivo en que Marx reconoce en la mercancía a su 'informante'. Porque lo fundamental, como se verá, no es el tallado y torneado de la madera –la singularidad irrepetible del trabajo– sino la frase material que dibuja la *planchette*, el oráculo de Dodona de los tiempos modernos.

El espiritismo de Allan Kardec prefigura una interpretación posible de la mesa y sus garabatos en *El capital* que, si se admite el paralelo, coincide con la lectura de los ricardianos de izquierda. Esta interpretación espírita, que lee la vida de las mercancías en la vía de Kate Fox, supone a las apariciones como un retorno del espectro obrero, cuya cuestión irresuelta sería la explotación. Pero también hay otra respuesta posible, más adecuada al fetichismo, según la cual lo que se manifiesta no es la naturaleza viva a través de la naturaleza muerta, sino la vida del mundo inorgánico.

## 2.2. Espectro eléctrico

En 1791 el anatomista Luigi Galvani sacó por primera vez a la electricidad de su manifestación estática para dar nacimiento a la historia de la corriente eléctrica. Lo hizo mediante un experimento afamado en que estimuló los músculos de unas ranas por medio de metales, advirtiendo –para sorpresa y espoleo de la imaginación– que pequeñas descargas producían el movimiento de sus patas, incluso estando amputada del cuerpo. En 1800, su amigo Alessandro Volta comprobó que la electricidad procedía de los metales y no del batracio, dando por resuelta de este modo la acalorada discusión entre la electricidad animal de Galvani y la metálica de Volta, a favor de esta última. Como prueba mayor, inventó una pila que produce corriente eléctrica llamada, en su honor, pila voltaica. Pues bien, el galvanismo y la pila voltaica serán para el siglo XIX un punto de partida para una nueva perspectiva, paralela e inconciliable con la moda norteamericana.

En 1818, el año del natalicio de Marx, en la Universidad de Glasgow se puso a prueba una técnica completamente distinta a la telegrafía espiritual, cuyo propósito era hacer bailar a los cadáveres la "danza de las convulsiones tónicas". Se trata de una variación animal de la bioelectrogénesis de Galvani, aplicada exclusivamente a cadáveres humanos. El autor del experimento fue Andrew Ure, un joven médico y químico escocés que llevó adelante uno de los espectáculos de galvanismo más famosos de la historia. Ure dispuso sobre la mesa el cuerpo de un asesino recientemente ejecutado, Matthew Clydesdale, acusado de haber matado a un anciano en una trifulca de taberna y condenado a la horca. Sirviéndose de electrodos, Ure empezó aplicando descargas eléctricas en distintas zonas del tieso cuerpo de Clydesdale. De pronto el cadáver lanzó una patada repentina y el público se inquietó; luego contrajo el pecho como si respirara o convulsionara y el público se alarmó; por último – en el momento cúlmine de la presentación–, Ure insertó el electrodo a través de un corte por debajo de la ceja y excitó el nervio supraorbital de la cara del condenado, cuando, según nos cuenta él mismo, "cada músculo del rostro se lanzaba simultáneamente a un movimiento horroroso; rabia, horror, desesperación, angustia y sonrisas espantosas unían esas expresiones repulsivas en su rostro de asesino". Los espectadores, remató Ure, huyeron despavoridos del lugar; salvo un caballero que se desmayó.

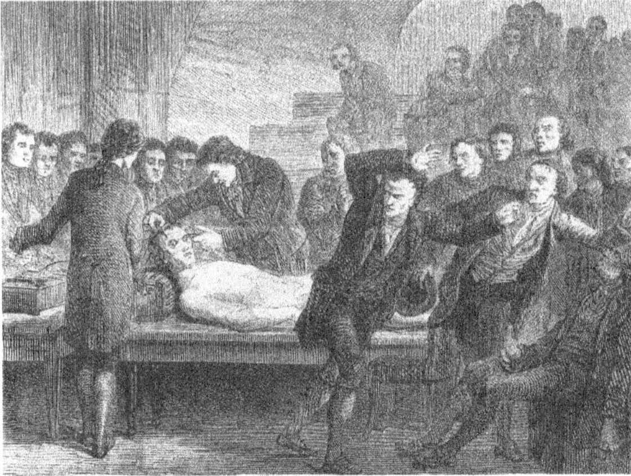

Figura 3: El Dr. Ure estimulando el nervio supraorbital del cuerpo de Clydesdale.

El experimento de Ure conminó al público —y al siglo en general— a formarse una opinión acerca de la danza monstruosa del cadáver de Clydesdale y no suscitó, como podría sospechar el espiritismo, un misterio de ultratumba. En lugar de un alguien que se comporta como un algo, la sospecha de Ure es la de *un algo que se comporta como un alguien*, al modo del Flautista mecánico. Algunos años más tarde, en 1835, Andrew Ure va a escribir un libro que será fundamental en la formación de Karl Marx, la *Filosofía de las manufacturas*, donde este "Píndaro de la fábrica automática" defiende el automatismo por sobre las bellas artes, la luz artificial por sobre la luz natural, la máquina por sobre el artesano. E invoca, en este libro y otros, el nombre de Jacques de Vaucanson, porque de lo que se trata no es de resucitar a los muertos, sino de sustituir el alma por un campo eléctrico.

También en 1818 aparece la primera versión del fabuloso *Frankenstein o el moderno Prometeo* de Mary Shelley, drama romántico escrito en formato de diario íntimo, que es una especie de secuela dramatúrgica del experimento de Ure. En esta gran novela, que será admirada por Marx cuando la devore a sus veinticinco años, el esperpento no encarna el fenómeno de la resurrección o el retorno del alma al cuerpo, sino el de la creación de la vida a partir del barro inanimado. Por lo menos, en la versión original. Ciertamente, en la versión cinematográfica de 1931, el monstruo es un criminal porque reactualiza el cerebro del criminal que le fue implantado, pero en la visión de Shelley es una *tabula rasa* que, vagabundeando por el bosque, encuentra casualmente a *El paraíso perdido* de Milton, las *Vidas paralelas* de Plutarco y *Las desventuras del joven Werther* de Goethe, el abecé del romanticismo. Es así, mecánicamente, que su alma eléctrica advino a una personalidad romántica.

Como se adivina en su introducción de 1831, Mary Shelley está lejos del espiritismo:

Muchas y largas fueron las conversaciones entre Lord Byron y Shelley, de las que yo era una devota, pero silenciosa oyente. Durante una de ellas, varias doctrinas filosóficas fueron discutidas, y, entre otras, la naturaleza del principio de la vida, y si había alguna probabilidad de que alguna vez se la descubriera y transmitiera. Hablaron de los experimentos del

Dr. Darwin (no hablo de lo que el doctor realmente hizo, o dijo que hizo, sino más en relación con mi propósito, de lo que entonces se decía que él había hecho), quien preservó una pieza de Vermicelli en una caja de cristal, hasta que por algún medio extraordinario empezó a moverse con ademán voluntario. No era así, después de todo, como se infundiría la vida. Quizá un cadáver podía ser reanimado; el galvanismo había dado prueba de tales cosas; quizás las partes componentes de la criatura podían ser manufacturadas, puestas juntas y dotadas de calor vital.

En sentido estricto, el monstruo de Frankenstein no es revivido, sino que adviene al mundo desde un silencio mineral, lo que lo sitúa más cerca del fideo danzarín de Erasmus Darwin que de los espíritus de Kardec. Por lo demás, es esta la razón por la cual Mary Shelley es considerada la fundadora de la ciencia ficción, demarcando límites con la literatura fantástica a lo Hoffmann ("meros cuentos de espectros o encantamientos"). Su monstruo no es extraño al entendimiento de los científicos, como lo demuestra el interés del reputado Dr. Darwin y de algunos tratadistas alemanes dedicados a la fisiología.

Se anticipa así que el enigma de Kardec, el de la vida después de la muerte, no es el enigma de la abiogénesis, que está modelado según los mismos presupuestos que el mundo electrificado de Nathaniel Hawthorne, una lámpara de plasma que se comporta como pensamiento abstracto.

## 2.3. Espectro energético

El cadáver de Clydesdale, el monstruo de Shelley y el vermicelli de Erasmus Darwin son casos patentes de una abiogénesis inducida, esto es, un proceso eléctrico que despierta los componentes inanimados que dormitan en la materia. Y la abiogénesis, a diferencia del espiritismo de Fox, coloca a la mesa parlante de Marx en la trama auténtica.

En *El capital*, es conocido que Marx recurre a la terminología electromagnética para explicar la vida de las mercancías: *Krystall* (cristal) cuando se condensan y *Gallert* (gelatina) al fluidificarse, lo que indica que si la mesa del simple carpintero *it´s alive* no es gracias a un proceso de invocación o resurrección, sino como resultado del ensamble y la activación eléctrica. Bajo el giro copernicano de la abiogénesis, las propiedades vitales del producto se "activan" (*bethätigen*) –este es el verbo clave que usa Marx– al relacionarse con una única y misma fuerza que opera como ánima de las mercancías, el "alma de las mercancías". En otros términos, el mercado mundial de Marx debe contemplárselo a la luz de lo que hoy es una casa de familia moderna, atravesada por una red de electrodomésticos completamente diversos en su apariencia y funcionalidad, aunque soldados en un parentesco común de cables. Marx llama a cada uno de estos electrodomésticos *mercancía*, y declara que son bifrontes como Jano: tienen una objetividad material ("sensorialmente grosera") junto a otra existente pero inmaterial ("objetividad de valor" o "realidad del valor"). Como lo expresa en *Zur Kritik* de 1859:

> La realidad que el valor de cambio de las mercancías alcanza en este proceso y que el oro expone en su rotación, es solo [la realidad] de la chispa eléctrica. (MEW 13:94)

Por eso, aunque inapresable para las manos e invisible al ojo, su presencia interior puede ser auscultada en el temblor o ronroneo del lavarropas o la heladera, las manifestaciones casi inefables de una galvanización continua o alterna.

La teoría de la mercancía de Marx solo puede comprenderse a partir de este hecho cultural del siglo XIX, fascinado por la electricidad, así como el siglo anterior lo estuvo con la fuerza de gravedad. Y yendo un poco más lejos, es la vía contextual para descifrar a la fuerza de trabajo, que es también una mercancía como cualquier otra. Poco antes de la edición príncipe de *El capital*, el 17 de agosto de 1864 Marx le comunica por carta a Lion Philips, tío por el lado materno de Marx y padre del fundador de la empresa de electrónica Philips, acerca de un libro revelador. Acaba de leer una obra fundamental titulada *La correlación de las fuerzas físicas* (1846), de William Grove, donde:

> Demuestra cómo la fuerza mecánica, el calor, la luz, la electricidad, el magnetismo y la Chemical affinity no son a la postre más que modificaciones

de la misma fuerza (*Kraft*), que se generan mutuamente, se compensan, pasando de una a otra, y así sucesivamente. Suprime con mucha destreza la desagradable fantasmagoría metafísica-física, tales como el "calor *latente*" (tan exacta como "luz visible"), el "fluido" eléctrico y otros *pis aller* [últimos recursos] del estilo, antepuestos en el momento preciso en que falta el pensamiento. (III/12:612)

Como le refiere luego a Engels, Grove "es incondicionalmente el más filosófico de los naturalistas ingleses (¡e incluso alemanes!)" y, por lo tanto, incompatible con el empirismo espiritista y su "falta de pensamiento". La idea que le impresiona a Marx es lo que va a conocerse como la primera ley de la termodinámica, que la energía permanece invariable –increada e indestructible– aunque pueda transformarse en otras formas de energía. Y lo que el primer principio de la termodinámica supone, para una teoría marxista del trabajo, es que el obrero industrial se conecta en la fábrica dentro de una *Correlation of Physical Forces*, como otra "modificación" más de las fuerzas de la naturaleza junto a la energía mecánica, calórica, lumínica, etcétera.

Entiéndase bien, Marx no afirma que el ser humano sea, esencialmente, *energía*, sino que fue históricamente adaptado y enchufado a la red eléctrica del mercado. Por eso, en *El capital*, la explotación es un subcapítulo de la mercantilización que impone la "venalidad general", "corrupción general" o "prostitución general" como norma internacional del trabajo. Toda la violencia fabril reposa en una transformación subjetiva que proviene de la esfera del mercado, y que diferencia claramente el asalariado del esclavo y el siervo: "el proceso de trabajo –dice Marx en relación con la fábrica– es un proceso entre cosas que el capitalista ha *comprado, entre cosas que le pertenecen*". El capitalista, en tanto soporte orgánico de un personaje social, no es el autor de la electrificación obrera, sino un vulgar *shopper*. Como lo ilustra Alfred Sohn-Rethel, la técnica del capitalista industrial para producir es comprar las piezas de un gran monstruo frankensteniano y luego activarlo:

Para ejercer su rol de "productor", el capitalista debe poder comprarlo todo en el mercado: materiales, tierra, servicios, trabajo y *know-how*, los cuales,

> correctamente ensamblados bajo su mando en el lugar y tiempo adecuados,
> constituyen un proceso de trabajo en el cual él mismo, el capitalista, nunca
> necesita poner una mano (...). Desde la perspectiva del empresario capitalista,
> la característica esencial del proceso de producción del cual es responsable es
> que debe operar por sí solo.

La posición del trabajo frente al capital se descifra en este *Kraft* alemán:
es la reducción de la actividad humana a fuerzas en un sentido similar a
las líneas de flujo de Michael Faraday o los campos electromagnéticos
de James Marxwell. El drama no está, por lo tanto, en la magnitud del
valor no pagado, robado o alienado, como tiende a pensarse, sino que la
anatomía obrera sea electrificada como cualquier otra mercancía.

En resumidas cuentas, para *El capital* de Marx todas las cosas
intercambiables del universo se confunden en este reino donde la mesa
espiritista baila junto al obrero su danza fantasmal. Este es el famoso
*Fetischcharakter*, el alma que acompaña a todas las mercancías, el enigma
que nos lanza a un segundo misterio:

> Todo el mundo sabe, aun cuando su saber redunde en ello, que las mercancías
> tienen una forma común de valor que contrasta radicalmente con las
> variopintas formas naturales de su valor de uso: la forma del dinero. De lo
> que se trata aquí es de realizar una tarea que la economía burguesa ni siquiera
> intentó una vez, a saber, la de presentar la génesis de la forma del dinero (...).
> De este modo, desaparece al mismo tiempo el enigma del dinero. (II/6:80-81)

La noción marxiana de *génesis* no tiene nada que ver con el materialismo
histórico, que resuelve los enigmas en el cuerpo de la mercancía o el
cuerpo del dinero y, en última instancia, en el trabajo que les dio existencia
como productos elaborados. La *Genesis* en cuestión invoca la sabiduría
del electricista, aquella que aconseja seguir el cable con la mirada hasta
dar con la causa de la energía, el dios-fetiche que opera como generador
electroestático, botella de Leyden o pila de Volta, el *oro*.

Del enigma del carácter de fetiche de la mercancía, entonces, hacia el
enigma del fetiche del dinero.

# Capítulo 3
# La lógica de los patrones universales

> En una partida de ajedrez, cualquier posición que se considere tiene como carácter singular el estar liberada de sus antecedentes; es totalmente indiferente que se haya llegado a ella por un camino o por otro; el que haya seguido toda la partida no tiene la menor ventaja sobre el curioso que viene a mirar el estado del juego en el momento crítico; para describir la posición es perfectamente inútil recordar lo que acaba de suceder diez segundos antes. Todo esto se aplica igualmente a la lengua y consagra la distinción radical entre lo diacrónico y lo sincrónico.
>
> Ferdinand de Saussure, 1916, *Curso de lingüística general*

## 3.1 Efecto fetichista

Karl Marx pertenece a un siglo atrapado en un espejismo histórico, en que el valor aparece como un proceso de erosión y sedimentación vinculado a la naturaleza, un siglo en que el dinero es algo que puede hallárselo en las entrañas de la tierra. En 1857, cuando Marx está dando nacimiento a una teoría del dinero, señaló precisamente lo siguiente:

> Lo que hace singularmente difícil la comprensión del dinero en su plena determinación como dinero (…) es que aquí una relación social, un determinado vínculo de individuos entre sí, aparece como metal, como piedra, una cosa puramente corpórea, que como tal se la encuentra en la naturaleza, y en la que tampoco queda distinción alguna entre su existencia natural y la determinación formal. (II/1.1:161)

Y, ciertamente, nosotros tendríamos una idea muy distinta del dinero si raspando paredes o zarandeando arenilla decantáramos dólares norteamericanos. Es imprescindible, para Marx y nosotros, atravesar esta trampa fetichista para avanzar hacia una teoría general del brillo, puesto que el valor no procede de la naturaleza del oro −limitado a un elemento de la tabla periódica−, sino de su imagen resplandeciente. Marx, de hecho, ridiculiza varias veces esa génesis natural del valor que desemboca en una materia cuyo valor de uso es el "empaste dental". El verdadero dinero no está en la materia, sino en su *fulguración*. En la tapa de un cuaderno redactado entre principios de agosto y mediados de noviembre de 1858, identificada como B´, puede leerse, con la típica grafía espantosa de Marx, el siguiente verso de Píndaro: *"el oro es un fuego que fulgura (resplandece) en la noche, excelso entre magníficas riquezas"*.

"Fuego que fulgura", la dificultad para avanzar más allá del enfoque fetichista −el plano clínico de la pornografía−, está en la fascinación que ejerce el brillo sobre los espectadores, la "cualidad estética del oro". Se trata del brillo que no oculta la cosa, sino que la engrandece hasta volverla ineludible; que funciona mediante la ilusión óptica, insuperable para los distraídos, de que la luz procede de la cosa misma. Me refiero al brillo de los tesoros, al relumbrón de las piedras preciosas y del cofre entreabierto, de la pantalla del celular y de los zapatitos lustrados, lo que en su *Zur Kritik* de 1859 Marx caracteriza como la "propiedad estética" de los fetiches, esa belleza que desaconseja la inversión y promueve el atesoramiento. Es este brillo el que nos proporciona un modo de comprender cabalmente en qué consiste el efecto fetichista, la trampa en que uno cae, simplemente, confiando en lo que realmente ve.

Bajo la sugestión del fetiche, el brillo del valor es imputado erróneamente a la materia natural. De hecho, es una cuestión irritante sobre la cual le indigna tener que volver una y otra vez, la "tediosamente absurda disputa sobre el rol de la naturaleza en la configuración del valor de cambio". La pregunta, ya en sí misma, es un síntoma del efecto fetichista que concibe al brillo como un indicador óptico de que el valor está en la cosa. En los *Manuscritos de 1861-1863*, dice Marx en referencia a esto:

> Este brillo (*Schein*) es tomado por nuestro adorador de fetiches como algo real y cree, de hecho, que el valor de cambio de las cosas se determina a través

> de las *properties as things*, en suma, de una misma *natural property*. Hasta ahora ningún naturalista descubrió a través de qué características naturales, el tabaco y la pintura en determinadas proporciones, son "equivalentes" entre sí. (II/3.4:1317)

Es típico de la conducta perversa que cuando es llamado a legitimar sus placeres privados siempre quiere traficar sus vicios como características de la cosa: como el coleccionista, que cuando se le pregunta por el origen de su locura exalta las virtudes intrínsecas de los trencitos o las estampillas; o como el economista Adam Smith, el fundador mítico de la teoría valor-trabajo, que al ser sorprendido adorando al *Goldfetish* alega la evidente "cualidad de utilidad, belleza y escasez" del oro.

Ahora bien, si valor no tiene nada que ver con el soporte natural de la mercancía o el dinero, "¿de dónde procede entonces el carácter enigmático del producto del trabajo no bien contrae la forma de mercancía?". La respuesta de Marx, que condensa el giro estructuralista del fetichismo, es que viene "*obviamente de esa forma misma*". El "obviamente" no remite a que se trata de una deducción cuyos pasos son pavadas para lógicos, sino al carácter superficial y refractante del problema del fetichismo, que obliga a *interpretar* el cúmulo de mercancías *sin profundizar* en los distintos productos. Para "desvelar (*zu enthüllen*) la ley de movimiento económico de la sociedad moderna" no hay que levantar el "velo cósico" (*sachliche Hülle* o *dinglicher Hülle*) y espiar por detrás de los hombros, sino encontrar la lógica del estucado social.

Años después, Sigmund Freud se va a enfrentar a una situación similar con un fetichista de narices que afirmaba que su valencia sexual estaba en el brillo sobre la nariz y no en la nariz en sí misma. Al insistir con este señalamiento, el perverso ontologizó su deseo —por así decir— en el destello, como si su objeto fuera constatable. La pauta a partir de la cual Freud se elevó por sobre la directriz empirista del perverso fue ignorando el significado explícito del alemán *Glanz auf der Nase* ('brillo sobre la nariz'), puesto que "debía descifrarse en inglés", que es la lengua materna del paciente, "y no en alemán". En realidad, lo que el paciente realmente dijo es que era una "mirada sobre la nariz" (donde *glance* es 'mirada' en inglés). Por supuesto, el paciente no lo sabe, pero lo dijo.

Marx adoptó la misma astucia que Freud cuando redirigió el brillo del valor a la articulación entre las mercancías, para demostrar así que la imagen del valor no pertenece a la naturaleza –que Marx bastardea en 'valor de uso' o 'materia natural más trabajo'–, sino a un "algo que es puramente social". Esta explicación se lee en un párrafo de Marx, lúcido y condensado, que aparece en un entorno simulado de *El capital* donde hay una única mercancía, el lienzo, que entra en relaciones con el dinero, que es una chaqueta. Transcribimos ahora la respuesta del lienzo de Marx cuando fue interrogado acerca del alma que habita en su interior:

> Para decir que su sublime objetividad del valor es diferente de su cuerpo rígido y filamentoso, él dice que el valor tiene el aspecto de una chaqueta y que por eso él mismo, en tanto cosa de valor, es igual a una chaqueta como un huevo a otro. Por cierto, nótese que el lenguaje de las mercancías, además del hebreo, dispone de muchos otros dialectos más o menos adecuados. El alemán "Wertsein" expresa, por ejemplo, con menos acierto que el verbo románico *valere, valer, valoir*, que la equiparación de la mercancía B con la mercancía A es la propia expresión del valor de A. ¡*Paris vaut bien une messe*! (II/6:85)

El "¡*París bien vale una misa!*" con el que Marx concluye su encuesta a la vara de lienzo es el momento en que advierte que el lenguaje de las mercancías 'debía descifrarse en francés y no en alemán'. En alemán el valor (*Wert-sein*) es ontológico, *ser-valor*, y por eso se presta tanto al empirismo de los fetichistas y, a la postre, a la inspección de las fábricas. Pero el 'valor', en francés, es una invitación al enfoque estructuralista del mercado, donde, dice Saussure, "es perfectamente inútil recordar lo que acaba de suceder diez segundos antes". Esto es lo que nos dice la testa filamentosa del lienzo, que el carácter fetichista no se lo comprende retrocediendo sobre su génesis productiva, sino únicamente como relación sincrónica entre mercancías.

Redondeando la cuestión, en *El capital* estos dos niveles del valor como *Wertsein* y como *valour* se distinguen metodológicamente como punto de partida y de llegada en el capítulo de la mercancía. El primero es la fenomenología alemana del *erscheinen* –aparecer– (la riqueza bajo su modo de aparición), donde se pone en juego el compromiso del investigador con la contingencia histórica y los *gadgets* del momento. Y el segundo, que opaca el brillo del carácter fetichista, es el estructuralismo francés del *ausdrücken* –expresar– (la riqueza bajo su modo de expresión), donde todas las apariciones se revelan como elementos de una relación. Es el momento en que el impresionismo pierde sus virtudes estratégicas y es necesario reorganizar el punto de vista. Pero como la "analogía" de Marx no fue la partida de ajedrez –no leyó a Saussure–, sino el *peso relativo de los cuerpos*, nos vemos forzados a dar un breve rodeo por la Revolución francesa.

## 3.2 Breve historia de la pesantez

La historia del patrón universal del peso comienza con la Revolución francesa de 1789, la empresa de las uniformidades según Benjamin Constant –del calendario, de la geografía, del idioma, de los derechos y de "los pesos y las medidas"–. Sucede que, hasta entonces, había en la desperdigada Francia unas dos mil unidades de peso distintas, con lo cual un costal de harina que se paseara sobre nuestros hombros por esta geografía feudal podía llegar a recibir miles de mediciones, suscitando la sospecha inadmisible de que la fuerza de gravedad fluctúa al ritmo de la nobleza. Denis Guedj, en su apasionante ensayo *El metro del mundo*, muestra lo problemático que era este sistema para los campesinos, cuyo pago era en especie: como el peso es una potestad política, la adulteración del patrón era una forma alevosa de recaudación. No sorprende, por lo tanto, que entre los primeros en reclamar a la asamblea revolucionaria "que no haya en el territorio dos pesos y dos medidas diferentes" estuvieran los campesinos.

La asamblea reaccionó al autoritarismo feudal y el reclamo popular con una exigencia a la Academia de Ciencias: 'necesitamos que encuentren un pedazo de naturaleza que sea eterno', para que sirva así de *patrón universal del peso*, soberano para todas las naciones y geografías del mundo. Algo, en definitiva, que esté más allá de las arbitrariedades del Estado, pero también de la corrupción de la naturaleza, lo que puso a prueba de inmediato el ingenio de los miembros de la Academia.

Esta difícil empresa devino en la búsqueda de constantes universales, invariantes de la naturaleza como podían ser la oscilación del péndulo o la longitud del meridiano terrestre (versiones dieciochescas de nuestra velocidad de la luz y la rotación del isótopo de cesio). Pero específicamente respecto del peso, la imaginación de los académicos no logró asociarlo con éxito a ninguna constante, lo que se mantiene vigente hasta el día de la fecha, puesto que es la única de las siete magnitudes fundamentales de la física que perdura en este estado oprobioso. Esta imprudencia, por otro lado, dota de cierta actualidad casual a la analogía de Marx.

El patrón universal del peso intentó ser fijado por primera vez por el famoso Antoine-Laurent Lavoisier, el padre de la química moderna, cuando en 1793 propuso el grave, una nueva unidad de peso consistente en un decímetro cúbico de agua destilada a cero grados centígrados. Pero un año después, Lavoisier fue guillotinado, y otro año más tarde, el grave tuvo el mismo destino. La razón por la cual ejecutaron al grave es que el agua presentaba muchas variaciones locales que había que tener en cuenta, lo que impedía que todo el mundo civilizado pudiera reproducirlo sin errores. Se hicieron, por lo tanto, unos equivalentes metálicos al grave que, en 1799, se sinterizarán en un único y ubicuo cilindro de platino. Es el llamado *Kilogramme des Archives*, hallable en un sótano de Francia, del tamaño de un huevo de gallina y que servirá de modelo universal para el siglo entrante bajo el nombre de *kilo*. No es exagerado sino exacto, afirmar entonces que toda la gravidez del universo podía ser visitada y escrutada en las afueras de París, simplemente con dirigir la mirada al interior de un pequeño cofre doblemente vidriado.

Figura 4: Una de las cuarenta copias exactas del Kilogramme des Archives.

Este coso metálico modificó la apariencia física de la realidad, de un modo tan silencioso, práctico y rápido que superó en eficiencia al barroquismo cristiano del Medioevo. El resultado asombroso –tanto que bordea lo inadmisible– es que con la universalización del patrón se le adhirió al cosmos la propiedad estable de ser pesado, y la adquirió como si hubiera sido suya desde el principio de los tiempos. En adelante, el peso es un espectro platinado inmanente a cada objeto. Y aunque los seres humanos, todos ellos al mismo tiempo, supieran que esta y las restantes magnitudes fundamentales de la física dependen de un patrón arbitrariamente elegido, ya es demasiado tarde: no podrían dejar de hacer notar, suspirando, que 'aun así... el saco de harina sigue siendo pesado'. Con el patrón universal, el peso de las cosas grávidas se volvió tan irrefutable como la realidad.

En *El capital* Marx explica esta situación en los siguientes términos:

> Un pan de azúcar, en tanto cuerpo, es pesado y, por lo tanto, tiene peso, pero no se puede ver ni sentir el peso de ningún pan de azúcar. Ahora tomemos diversos trozos de hierro cuyo peso está predeterminado. La forma corporal del hierro, considerada como tal, posee tan poco de la forma de aparición de la pesantez como la forma corporal del pan de azúcar. No obstante, para expresar el pan de azúcar como pesado, lo ponemos en una relación ponderal con el hierro. En esta relación, se considera al hierro como un cuerpo que expone nada más que la pesadez. Las cantidades de hierro sirven por ello como medida de peso del pan de azúcar y representan para el cuerpo del pan de azúcar que se le enfrenta la mera figura de la pesantez, la forma de manifestación de la pesantez. (II/6:89)

Todas las cosas grávidas del universo, pulgas o transatlánticos, por el simple acto humano de haberse fundado un patrón, interiorizan un cuerpo ferroso (*Eisenkörper*). No importa cuán singularmente diversos sean, si el patrón se universaliza reciben una cualidad que en adelante les pertenece de modo intrínseco (y decimos, efectivamente, que el pan de azúcar tiene peso, no que lo adquiere). Este *charakter* que acompaña a las cosas grávidas asegura una identidad primaria de sustancias entre una cosa cualquiera y el patrón del peso, una identidad que no solo es inaccesible para la investigación natural, sino que es asintótica para la matemática con su símbolo "=".

Un segundo aspecto, ligado a esta misma universalización del peso, es lo que sucede no ya con las cosas pesadas, sino con el *Kilogramme des Archives*. Es fundamental advertir que la universalización del peso supone que hay al menos una cosa que "a la inversa" no tiene peso. Todos los patrones universales, por su propia lógica, suponen esta excepción. En nuestro ejemplo, la masa metálica del *Kilogramme des Archives*, por la simple y extraña razón de que es "un cuerpo que expone nada más que la pesadez", no puede ser pesada. Y, en efecto, si intentáramos pesar al cilindro metálico, necesitaríamos destronarlo como patrón y en simultáneo entronizar a otro, con lo cual ya no estaríamos obteniendo el peso del *Kilogramme des Archives*, sino el de una cosa pesada respecto a un nuevo patrón. Esta infinita permutabilidad del patrón universal del peso, combinado con la imposibilidad de ponderarlo, revela que el secreto del peso no está en las propiedades naturales del platino, sino en la dignidad sublime que adquiere al ser investido como patrón.

## 3.3 La lógica del valor

Llegamos, por la vía de esta *Analogie*, a la estructura de la cual proceden todos los efectos del fetichismo. Es el fin de la génesis marxiana, esa tarea que la economía política ni siquiera intentó una vez. La resolución de los enigmas desemboca en una relación automática entre dos funciones, que adopta la forma de una "expresión de valor", representada por el símbolo '='. Simplificada, la fórmula es como sigue: "$x$ mercancía A = $y$ mercancía B", donde A y B son mercancías heterogéneas, mientras que $x$ e $y$ representan las cantidades variables en que se intercambian: diez lienzos por una chaqueta, quince lienzos por dos chaquetas, mil lienzos por tres chaquetas, etcétera. En este nivel de análisis estructural –el "análisis de la forma del valor"–, Marx presenta a los economistas modernos como atrapados en el impresionismo de las fluctuaciones, el "listado empírico de los precios". No advirtieron que detrás de este caos numérico se repite siempre la misma forma del valor, cuyo secreto consiste en ser una *relación social* que administra dos mecanismos: el desplazamiento y la condensación del mercado. Nos detendremos ahora en este desciframiento del misterio como relación social, asunto que merece ser comentado con más detalle.

Hay una lógica social que estructura todas las relaciones entre los productos más allá del contenido particular, repitiendo siempre la misma identificación entre dos *lugares*: la mercancía y el dinero. Al modo de una balanza, presupone que un lado sea ocupado por el objeto a valorizar, y que el otro sea saturado por el objeto que oficia de patrón. Esquemáticamente se representa de la siguiente forma:

*Forma relativa del valor = forma de equivalente*
(mercancía)            (dinero)

Esta fórmula, que revela el secreto álgebra de la sección primera – titulada *mercancía y dinero*–, contiene dos mecanismos: el responsable del carácter fetichista de la mercancía y el responsable del fetiche del dinero, de la gelatinización y la cristalización del valor.

(i) Si leemos la fórmula de izquierda a derecha, afirma que *la forma de la mercancía expresa su valor en la forma del dinero*: los productos singulares que son colocados debajo de "mercancía" incorporan el alma del valor, del mismo modo que el pan de azúcar se volvió grávido al apoyarse sobre el lado correcto de la balanza.

(ii) Si leemos la fórmula de derecha a izquierda, sostiene que *la forma del dinero encarna el valor para la forma de mercancía*: el producto singular colocado del lado derecho de la fórmula asume con el cuerpo, al modo del *Kilogramme des Archives* para la pesadez, el monopolio de la realidad del valor.

La mercancía y el dinero, valga la aclaración, se corresponden así a los étimos *Fari* y al *Fatum*, pero convertidos en funciones: el lienzo que *expresa* con su lenguaje filamentoso el destino, y la chaqueta que lo *encarna* con la contingencia de su materia.

Estas dos funciones, la *expresión* y la *encarnación*, son las dos operaciones formales que provocan los efectos de realidad dentro de la esfera del intercambio. De ahí procede el "carácter de fetiche de la mercancía", donde el valor es experimentado como un brillo o un aroma a fresa que procede del producto; cada mercancía es percibida, de modo inmediato, como *valiosa*. De ahí procede también el "fetiche del oro", según el cual el valor es esa sustancia metálica más allá de su cantidad o figura; se diría que es un "objeto límite", en el sentido que promueve Marc Augé, la cosa "cuya forma solo remite a la materia de que está hecho". En términos de Marx, lo que distingue a estos dos efectos es lo siguiente:

> Mientras la forma relativa del valor de una mercancía –por ejemplo, el lienzo– expresa su valor como algo absolutamente diferente de su cuerpo y sus propiedades, por ejemplo, como igual a la chaqueta, esta expresión indica por sí misma que se oculta una relación social. Es a la inversa con la forma de equivalente. Consiste precisamente en que el cuerpo de una mercancía, como la chaqueta, tal cual es, posee por naturaleza la forma del valor. (II/6:89)

Freudianamente, las mercancías se presentan en el espacio social como *desplazamientos*, anunciados por las etiquetas blancuzcas que cuelgan a su costado. Cada una de estas cosas, en su imagen aislada, contiene la marca visible de un desplazamiento hacia lo universal, que revela a "su valor como algo absolutamente diferente de su cuerpo y sus propiedades" naturales. Pero con el dinero es "a la inversa", porque es una *condensación* del universo social, un punto de densidad infinita que comprime la totalidad de la esfera en una sustancia, por lo tanto "valor corporificado".

Revelada la fórmula de la comunidad del mercado, se comprende el disgusto de Marx de cara a la propuesta de Pierre-Joseph Proudhon y sus seguidores de sustituir el dinero metálico por "el título plebeyo de *x horas de trabajo*". Para Marx, siempre es posible sustituir a la materia temporal del patrón internacional, y más aun a las monedas (*Münzen*) locales, simplemente desechándola y adoptando otra "encarnación indiferente"; pero el dinero (*Geld*) es una función de soberanía universal que no puede ser sometida. El dinero, dice Marx resueltamente en 1857, *"es en sí mismo la comunidad y no puede tolerar otro asomando por encima de él"*. Como pronostica Marx, la revolución de Proudhon no destruiría la comunidad, sino que redundaría en entronizar un rey disfrazado de plebeyo. A la postre, todo volverá a ser exactamente igual: la burguesía va a acumular bonos laborales, las cantidades de horas van a fluctuar, el salario en bonos solo va a alcanzar para satisfacer necesidades, etcétera.

Para esta teoría marxista del dinero, puesto que su santo y seña es la "encarnación indiferente", es más o menos indistinto que la materia sean chaquetas, caracoles, reces o cualquier otra cosa. Podría tratarse incluso de bloques temporales de vida, como en el filme *In Time*, donde comercializan horas hasta quedar en cero y morir de un paro cardíaco; así como también, agrega Marx, "habría cumplido el mismo propósito si expresara su valor en asa fétida, *Poudrette* o betún para calzado". En estos decisivos términos, no hay ninguna diferencia esencial entre usar mierda pulverizada, dólares norteamericanos o criptomonedas como dinero mundial.

Para finalizar este capítulo, señalemos que esta estructura de emparejamiento que caracteriza al mercado sigue una repetición inhumana, propia de las "relaciones entre las cosas mismas" (*Verhältnis der Dinge unter sich*), un gran *Otro* automático que, aunque sea "producto social" a igual título que el lenguaje o la comunidad, se impone como ley de gravitación universal a los individuos que interactúan libremente en el mercado. Aunque, por supuesto, este "libremente" de los individuos debe ser interpretado a la luz de una teoría del sujeto de mercado.

# Capítulo 4
# La gárgola inconsciente del mercado

Había una vez un imán y en el vecindario vivían unas limaduras de acero. Un día, a dos limaduras se les ocurrió bruscamente visitar al imán y empezaron a hablar de lo agradable que sería esta visita. Otras limaduras cercanas sorprendieron la conversación y las embargó el mismo deseo. Se agregaron otras y al fin todas las limaduras empezaron a discutir el asunto y gradualmente el vago deseo se transformó en impulso. ¿Por qué no ir hoy?, dijeron algunas, pero otras opinaron que sería mejor esperar hasta el día siguiente. Mientras tanto, sin advertirlo, habían ido acercándose al imán, que estaba muy tranquilo, como si no se diera cuenta de nada.

Oscar Wilde, *El imán*, narración oral recogida por Hesketh Pearson

## 4.1 La estatua olfativa de Condillac

Fue Étienne Bonnot de Condillac quien en su *Tratado de las sensaciones* de 1754 introdujo, sin advertirlo, la metáfora fundacional de la psicología fetichista, ya sea para la economía de Marx como para la psicología sexual: una estatua de mármol con un orificio en la nariz. Y lo hizo, como él mismo nos explica, con el propósito de presentar una genealogía del saber que partiera del sentido que "menos parece contribuir a los conocimientos del espíritu humano": el olfato, para luego ir ascendiendo hasta alcanzar los procesos del pensamiento abstracto.

Pues bien, para que esta explicación dé resultado, hay que imaginar, nos dice Étienne el filósofo, que nosotros somos una estatua y que carecemos de los cinco sentidos, pero que en un punto cualquiera del tiempo se nos concede el órgano del olfato. Ranurando las fosas nasales con un cincel, el vapor invisible de la "atención", antes encerrado en el interior ahuecado de la piedra, entra en contacto con el universo. Condillac conjetura que, para este sujeto, la realidad será exclusivamente aromática:

> Si nosotros le presentamos una rosa, ella será a nuestro respecto una estatua que huele una rosa; pero, con respecto a ella misma, no será sino el olor mismo de esa flor. Será, por lo tanto, olor de rosa, de clavel, de jazmín, de violeta, según cuáles sean los objetos que actúen sobre su órgano. (Traducción de Gregorio Weinberg)

La sagacidad de Condillac está en que presenta a la infancia de la humanidad como un sistema de captación de impresiones, una roca con orificios que, aunque no piensa, *registra* (y Lacan, en cierta oportunidad, comparó a esta concepción materialista de la conciencia con una cámara encendida frente a un lago). Por eso la estatua de Condillac no sabe nada de la existencia de la rosa, ni de esencias o materias, ni del *yo* y el *otro*, ni siquiera de la diferencia entre el sueño y la vigilia: *es* el aroma a rosa. Guarda la más absoluta indiferencia acerca de una génesis, porque la atención sostiene un compromiso absoluto con el espacio circundante en desmedro del tiempo histórico. Y, por lo demás, para la gárgola del abate no importa de dónde venga la impresión, sino la pasión que suscita, porque dispone de un único criterio de distinción y es afectivo, el *agrado* y el *desagrado*, el código binario del sensualista.

Como anticipamos, a fines del siglo XIX esta gárgola se convirtió en la imagen predilecta para presentar una nueva perversión en el discurso sexológico, el *fetichismo amoroso*. Y es que ofrece la efigie exacta de la infancia sexual, el momento prerracional en que el cachorro humano es cautivado por sensaciones, pero sin disponer de una armadura trascendental para procesarlas. Por lógica, las impresiones que seducen al infante son dispersas –un detalle, una parte, un rasgo, una fracción–, pedazos de realidad filtrada a través de los recortes que imponen los orificios, como las puertas entreabiertas, las ventanas mal cerradas o los escotes. Del mismo modo que, para la gárgola de Condillac, el objeto es algo que se escurre a través de las hendiduras de la roca, el fetichista de la sexología es un voyerista que solo disfruta de la teta eclipsada por el agujero de la cerradura. O como decía Restif de la Bretonne en *El pornógrafo*, en nombre de todos los fetichistas, las gracias solo se gozan "medio veladas".

De modo que cuando la psiquiatría catalogue los fetichismos en orden al objeto (de pies –*podofilia*–, de calzado –*retifismo*–, de cadáveres –*necrofilia*–, de máquinas –*mecafilia*–, de los árboles –*dendrofilia*–, de los gatos –*ailurofilia*–, de la ropa sucia –*misofilia*–, del pelo –*tricofilia*–, y, en fin, "cosas por el estilo"), lo que ofrecen, en realidad, es un cuadro inexacto de lo que verdaderamente atrapa al fetichista. Los fetichistas poseen tal riqueza a título de objetos –entendido aquí como impresiones– que es prácticamente imposible aislar el verdadero rasgo que les seduce. Es por esta razón que Sigmund Freud criticó, en una nota añadida en 1910 a sus ensayos sobre la sexualidad, categorías psiquiátricas, tales como el *Fußfetischismus*:

> El psicoanálisis ha llenado una de las lagunas que subsistían en la comprensión del fetichismo señalando la importancia, en la elección del fetiche, de un *placer de oler* coprófilo, perdido por represión. El pie y los cabellos son objetos fuertemente olorosos, elevados a la condición de fetiche tras la renuncia a la sensación olfativa devenida displacentera. De acuerdo con esto, en la perversión correspondiente al fetichismo del pie (*Fußfetischismus*), solo es objeto sexual el pie sucio y maloliente. (Traducción de José L. Etcheverry)

Aroma sin unidad, Freud –a su vez lector y admirador de un tal Binet– desaconseja las taxonomías psiquiátricas por "harto inseguras e inútiles" frente a los fetiches, que siempre derivan de un recorte y una orientación singular de los sentidos. En definitiva, los pliegues de la realidad, para una estatua cuyas sensaciones están seccionadas en cinco canales distintos, son tan variados que resulta excesivamente abstracto asignarles un objeto entero, cuando bien podría tratarse del "corte de una uña, un diente un poco rajado, un mechón, una manera de mover los dedos al hablar, al fumar" (Roland Barthes).

Más allá de la psiquiatría, lo que en todo caso interesa dentro de la psicología del fetichismo –ya sea para Charles de Brosses, Sigmund Freud o Karl Marx–, no es la cosa en sí misma, sino su divinización, lo que

Stendhal llamó el "fenómeno de cristalización" en el amor, el proceso por el cual un pie mugroso y maloliente es percibido como recubierto "de infinitos diamantes, trémulos y deslumbrantes".

## 4.2. El bucle del deseo de Binet

El enigma del deseo fetichista es el interrogante planteado por Paolo Mantegazza en la obra *Fisiologia dell'amore* de 1873. Este fisiólogo italiano sostuvo la idea de que el deseo amoroso debía ser concebido al modo de una *"arcane e profonde energie"* acumulada en el cerebro, una sustancia invisible y caliente que los ritos del enamorado ponen en movimiento. Al componer poemas, abrazar la almohada, oler un cabello, recordar los besos, etcétera, el enamorado libera energía. La pregunta, para una concepción termodinámica del deseo como la de Mantegazza, es la siguiente: ¿adónde va toda esa energía?

> ¿Quién sabe dónde finalizan todos estos rayos? ¿Quién sabe dónde se condensa el calor de tanto movimiento? ¿Quién sabe dónde se recoge tanta fuerza dispersa? Si es verdad que nada se pierde de cuanto se genera, ¿en qué se transforman tantos deseos ardientes que se proyectan en el vacío infinito del espacio?

En sus rudimentos básicos, este es el enigma que preludia al francés Alfred Binet, recordado por ser uno de los execrables padres de los test de inteligencia. En 1887, con la obra *El fetichismo en el amor*, es cuando inauguró con efecto duradero la vertiente perversa del fetichismo. Ensayista brillante, Binet respondió al enigma alegando un punto de condensación de la energía, el *fetiche*, el "objeto perverso" que resulta del encuentro precoz entre un impulso erótico y un objeto orientado en el espacio. Y para hacerlo, no solo incorporó la estatua de Condillac como envoltura sensitiva para la sustancia del amor, sino que retomó la tradición debrossiana para postular el origen azaroso del fetiche. Vayamos al texto en cuestión para ver el modo en que recoge estas tradiciones y las anuda en un campo nuevo.

En las primeras líneas del ensayo, Binet comienza evocando el "culto de las baratijas" de las religiones primitivas y la concepción de "cosa encantada" ligada al fetichismo. De la etimología recuerda, oportunamente, a *Fatum*, porque el fetiche, si es un objeto, lo es en el sentido de "destino" del deseo y no como objeto de conocimiento. Distinguiendo su estudio de los alienistas –que consideran los síntomas como "episodios de la locura hereditaria de los degenerados"–, Binet es quien establece a la infancia como el momento en que se consagra el fetiche, siguiendo la mecánica azarosa del método fetichista del primer encuentro. En efecto, lo primero "que se presenta a nuestros ojos" o "que cae en nuestro camino" es el modelo de lo que llama el *"accident"* originario del fetichista. El accidente, en sí mismo insignificante, es lo que hace que cada elección sexual del fetiche sea completamente singular frente a la uniformidad de la energía perversa. Un fetichista de las cofias, por ejemplo, seguramente cuando "niño sentía fenómenos de excitación sexual" y por una serie de casualidades exteriores "tales fenómenos se asociaron a la vista de una vieja mujer que se ponía la cofia de dormir". Energía e impresión se enlazan en el fetichismo a raíz de este encuentro fortuito.

Binet reconoce que hay también un *pequeño fetichismo* que es inofensivo y socialmente aceptable, una conducta perfectamente normal entre los enamorados, que no se confunde con el *gran fetichismo* que retorna siempre al mismo camino acanalado. Para distinguirlos, el psicólogo recupera el sensualismo de Condillac y compara al perverso con el espectador que, en lugar de seducirse por la totalidad de la sinfonía, se deja capturar por el simple "timbre de un instrumento único". El *quid pro quo* de la perversión, se entiende, es que relega la normalidad del todo para quedarse con una obscena vibración aislada. Lo mismo sucede con el amor del gran fetichismo:

> Supongamos un hombre que adora del cuerpo de la mujer una parte cualquiera que encuentra siempre más bella que el resto, por ejemplo, su oreja o su nariz. ¡Pues bien! La idea de que puede, incluso después de la muerte de su mujer, continuar viendo esos objetos adorados, de que puede defenderlos contra la descomposición, que puede incluso comunicarles un semblante de vida, esa

idea no le parecerá para nada extraña; al contrario, es lógica; porque como ama un objeto material, debe poder, en cierta medida, prolongar la existencia de este objeto. Así es como explicamos estos hechos que parecen sacados de un cuento de Hoffmann.

La diferencia entre una pequeña e inofensiva inclinación fetichista y un fetichista consumado, que en Binet es la distancia entre un enamorado y un perverso, es que al primero la gusta la nariz como parte de la composición que es la totalidad de su mujer amada, mientras que el segundo prefiere separar la nariz de su soporte orgánico para momificarla e infundirle vida. Como diría Freud, a tono con la ablación de narices, el objeto de deseo 'mujer', de cara al fetichista, acaba de ser decapitado de sus condiciones fundamentales. O, como lo expresó Karl Kraus, evidenciando la desdicha del fetichista, al perverso le sucede que "languidece ante una botita y debe contentarse con una mujer entera".

Ahora bien, para explicar la vida adulta del perverso y, al mismo tiempo, evitar violar el principio termodinámico de que "nada se pierde de cuanto se genera", Binet introduce un ingenioso *loop* en el deseo que lo hace retornar siempre a la misma vía "como un canal al servicio del drenaje". El primer encuentro entre la excitación con la imagen de la cofia produce la *association des idées*, esto es, un cordón de soldadura entre la energía de Mantegazza y la sensación de Condillac que permanece constante en la biografía posterior. Una vez iniciada la novela fetichista, el resto de la historia no son más que bucles, retornos al objeto sexual como destino, como en el microcuento de Ramón Gómez de la Serna:

Aquella muerta me dijo: —¿No me conoces?... Pues me debías conocer... Has besado mi pelo en la trenza postiza de la otra.

La trenza originaria aparece como el objeto de deseo que se repite en cada una de las conductas perversas, una sensación que nació en la infancia y perduró como una imagen diamantina de Pornhub (y "la vida es eso", dirá Lacan, "un rodeo obstinado"). En la economía perversa, esto significa que utiliza a la diversidad infinita de productos como medio y coartada para volver asequible el canal de drenaje del valor, un tobogán para acceder a su verdadero "punto de mira" y "centro de atracción": la trenza, la cofia, el camisón, el pie o el oro.

## 4.3. El sujeto de mercado de Marx

La economía moderna entiende al sujeto del mercado como sujeto de la necesidad, esto es, como un individuo que actúa siguiendo un cálculo hedonista de utilidad (*felicifit calculus*). Todo intercambio debe ser, siguiendo este argumento, *comercio*, porque supone una ganancia individual que motiva a las partes. De otro modo, no habría razón para que el intercambio tenga lugar. Uno de los defensores de esta idea, según nos dice Marx, es Condillac en *Le commerce et le gouvernement* de 1776:

> Es falso, dice este escritor, que en los intercambios se dé valor igual por valor igual. Al contrario, cada uno de los contratantes da siempre algo menor por algo mayor. En efecto, si siempre se intercambiara valor igual por valor igual, no habría ganancia para alguno de los contratantes. Pero ambos la obtienen o deberían obtenerla. ¿Por qué? Es que las cosas solo tienen un valor relativo a nuestras necesidades, lo que es más para uno es menos para el otro, y recíprocamente. (Citado por Marx en II/7:128)

Puesto que a la gárgola del mercado solo la mueve el agrado y el desagrado, es imprescindible, en el entendimiento de Condillac, el estímulo del placer individual. Este argumento, que recoge Marx en el capítulo IV de *El capital* como modélico de la economía, presupone que los intercambiadores siguen el 'instinto natural' del interés y que de este modo entran en relaciones sociales. Marx, demás está decirlo, rechaza de plano esta idea por pueril y ridícula. Como evidenció Binet, a Condillac le falta una teoría del deseo.

Para empezar, el animal humano, una vez socializado, ya no tiene necesidades naturales, sino únicamente "originadas en la fantasía". Esto es verdadero no solo para la sociedad de mercado, sino para cualquier sociedad humana que produzca cosas. En 1857, en uno de los escasos momentos en que Marx teoriza sobre el consumo, señala que la estatua humana no responde a los imperativos de su "existencia natural" al modo de los animales. Ciertamente, es innegable que "el hambre es hambre", como lo evidencia el caso extremo de la inanición, "pero el hambre que se satisface a través de la carne cocida, con cuchillo y tenedor, es un 'hambre' distinto del que se zampa carne cruda con manos, uñas y dientes". El *hambre salvaje* se resuelve con el código binario de Condillac, pero el *hambre ideal* vehiculiza un impulso estético:

> Cuando el consumo emerge de su primera naturaleza salvaje y de la inmediatez (...) este es mediado como pulsión (*Trieb*) por el objeto. La necesidad, sentida sobre el consumo, es creada por la percepción misma del objeto. El objeto de arte –al igual que cualquier otro producto– crea un público con sensibilidad artística, con capacidad de gozar la belleza. La producción produce, por ello, no solo un objeto para el sujeto, sino también un sujeto para el objeto. (II/1.1:29)

En otros términos, lo que Marx destaca en estas páginas es que, desde el momento en que la humanidad se embarcó en la pavorosa sucesión de los modos de producción, sus necesidades empezaron a ser elaboradas públicamente junto con los productos. Desde entonces, las necesidades humanas se subordinaron a la *percepción misma del objeto*. Siguiendo con el argumento de Marx, lo que el sabroso guiso sedimenta, a título de huella mnémica, es una "imagen interior" (*innerliches Bild*), "necesidad" (*Bedürfniß*), "pulsión" (*Trieb*) o "finalidad" (*Zweck*) a la que el consumidor retorna más tarde en cada acto de consumo. Como un canal al servicio de las necesidades fantaseadas, esta es la *association des idées* a la que se vuelve con cada deseo particular de guisos.

Pues bien, si esta es la estatua genérica dentro de cualquier modo de producción donde se *produce para consumir*, sucede algo peculiar cuando se trata del sistema abocado a la "producción de mercancías", donde se *produce para cambiar*. Las pulsiones del consumidor son subordinadas dentro de la antropología del intercambiador, un sujeto cuyo deseo está modelado por la lógica monoteísta del valor que presentamos más arriba. Las variopintas necesidades, en la sociedad de mercado, son condensadas en un único objeto.

> El dinero, en tanto posee la propiedad de comprar todo, en tanto posee la propiedad de apropiarse de todos los objetos, es por eso el *objeto* de posesión eminente. (I/2:318)

Al crecer en un medio social –quiero decir, el mercado mundial– donde hay un único objeto que metaforiza y cristaliza todo el mundo fantaseado, los diversos intereses repiten un único y estúpido deseo, el *auri sacra fames* de Virgilio: la "execrable sed de oro". En lo inmediato, cada mercancía adopta para el sujeto la misma estructura formal que el objeto perverso, una serie de "soportes materiales" (*stofflichen Tragern*) que ofician como plataformas más o menos pulidas para que el brillo del valor se refracte.

Ahora bien, por la lógica de las cosas, aunque lo único que desea el sujeto de mercado sea el rasgo del dinero –el fetiche—, debe conformarse con la mercancía entera, que lleva adherido el carácter fetichista: el patrón del deseo, como tal, es inapresable. En efecto, siempre es posible abrazar al "*wirkliches Gold*" (oro real) bajo la forma del lingote, pero ese no es el dinero, sino el cadáver inerte de la acumulación. Lo que se desea es algo interno a la circulación, al oro en tanto patrón universal, que es precisamente el oro cuando muda de real a "*Scheingold*", brillo de oro, que nunca se da en reposo:

> ... de hecho, solo expone el encadenamiento de las metamorfosis de las mercancías y *solo su existencia dineraria evanescente*, que solo realiza el precio de una mercancía para realizar el precio de la otra... (MEW 13:94)

El oro del deseo tiene una existencia parpadeante, un puro brillo (*Schein*) que se opaca apenas lo sacamos de la circulación. Y esta objetividad evanescente que caracteriza al valor de cambio, usando una imagen literaria de Marx, es como la nutria, "ni carne, ni pescado, uno no sabe por dónde agarrarla".

Se comprende, entonces, que en una sociedad donde la lógica del valor es la estructura al deseo, cada inofensivo acto de compra-venta es reproductivo de la lógica. Marx, como Alfred Binet más tarde, considera que los fetichistas del mercado producen y reproducen de modo indefinido la "forma loca" (*verruckt Form*) del deseo gracias al punto ciego del *accident*, esto es, el olvido fundamental de que los fetiches son dioses azarosamente consagrados. Es el comportamiento ritual de la masa y no sus intereses conscientes los que producen al mercado mundial al mismo título que el lenguaje. Para explicar esta destinación inconsciente de la praxis, Marx recurre a Goethe:

> En su turbación, nuestros poseedores de mercancías piensan como Fausto. En el principio fue la acción (*Tat*). Ya han obrado, por eso, antes de haber pensado. Las leyes de la naturaleza de las mercancías se confirman en el instinto natural de los poseedores de mercancías. (II/6:115)

Marx se refiere al momento en que Fausto, encerrado en su gabinete, está enfrascado en corregir la traducción de Lutero de la Biblia, más precisamente el primer versículo del Evangelio de Juan, aquel que reza "En el principio fue el *logos*". Lutero traduce el griego *logos* por "palabra" (*Wort*), mientras que Fausto revisa otras variantes en el siguiente orden: "sentido" (*Sinn*); "fuerza" (*Kraft*) y la última y definitiva, "hacer" (*Tun*). En virtud de esta secuencia, la acción del sujeto fáustico es apenas un gesto idiota que, sumado a otros similares, desprende la suficiente energía cinética como para mantener en movimiento los mecanismos de la expresión y la encarnación.

Se adivina aquí cierta afinidad con Charles de Brosses. Si el mercado se estructura como un lenguaje (*Sprache*), este lenguaje no es pensado por los sujetos, sino que es hablado inconscientemente. Porque, como dijo Marx en la edición príncipe de *El capital*:

> Es esta una operación espontánea, y, por lo tanto, inconscientemente instintiva del cerebro, que brota necesariamente del modo particular de su producción material y las condiciones en que esa producción los pone. (II/5:46)

Esta frase, escrita a continuación del "no lo saben, pero lo hacen" de 1867, señala la madurez de Marx en términos filosóficos. Antes, como es sabido, la actividad metafísica por excelencia que cultivó fue el trabajo (*Arbeit*), el movimiento que convierte la naturaleza en historia; y en alguna medida también lo fue la lucha (*Kampf*) como factor transformador de la sociedad. Pero ahora es el intercambio, la actividad prodigiosa que, bajo el magnetismo cerebral de la lógica del valor, reproduce indefinidamente la esfera del mercado y su destinación al patrón universal.

# SEGUNDA PARTE

## Introducción:
## **El edificio-trampa del capital**

Una pintura, querido Fedro, no cubre más que una superficie, como un cuadro o un muro: y ahí, finge objetos o personajes. El escultor, igualmente, no ornamenta más que una porción de nuestra vista. Pero un templo, unido a su entorno, o bien al interior, forma para nosotros una suerte de entera grandeza en la que vivimos… ¡Somos, nos movemos, vivimos, a través de la obra del hombre! No hay parte de esta triple extensión que no haya sido estudiada y reflexionada. Respiramos de alguna manera la voluntad y la preferencia de alguien. Somos señoreados y prisioneros de las proporciones que eligió. No podemos escaparle.

Paul Valéry, 1923, Eupalinos o la arquitectura


### **Coketown de Charles Dickens**

De la asombrosa parafernalia de metáforas, la posteridad decidió que en Marx una valía la pena más que ninguna otra. Se trata del famoso párrafo incluido en el prólogo a la *Contribución a la crítica de la economía política* de 1859 en que sistematiza de este modo la sabiduría alcanzada en la década anterior junto a su amigo Engels:

> En la producción social de su vida los seres humanos contraen determinadas relaciones, necesarias, independientes de su voluntad, relaciones de producción que corresponden a una determinada fase de despliegue de sus fuerzas productivas materiales. La totalidad de esas relaciones de producción configuran la estructura económica de la sociedad, la base real,

> sobre la cual se eleva una superestructura (*Überbau*) jurídica y política, y a la cual corresponden determinadas formas sociales de conciencia. (MEW 13:8)

La metáfora edilicia les sirvió a ciertos lectores marxistas –los fundamentalistas del "materialismo histórico"– para extraer una conclusión fundamental: que la producción, al mismo tiempo que oficia de hormigón armado del edificio, se halla sepultada bajo tierra.

La ciudad donde se levanta el edificio del materialismo histórico es *Coketown*, el complejo industrial urbano inventado por Charles Dickens en *Hard Times for This Time* (1854) –traducido a nuestra lengua como *Tiempos difíciles*–, en que toda la realidad, hasta su último bloque o detalle, es levantada a fuerza de trabajo explotada: "No se veía en la ciudad nada, dice Dickens, que no recordara la estricta disciplina del trabajo".

Esta ciudad está hundida en un maciza burbuja de humo de carbón –a lo que *Coke* refiere–, sometiendo todo a la más perfecta gris indiferencia; incluso los edificios públicos son todos iguales y en lugar de anticipar su rol en las letras y la arquitectura, simplemente se hunden en el genérico edificio público: "todos los rótulos públicos de la ciudad estaban pintados, uniformemente, en severos caracteres blancos y negros", en función de lo cual ingresar a hospitales, prisiones o ministerios es más o menos lo mismo. Las construcciones no reconocen otra función que la de emparedar espacios de fábrica, con sus bajos hornos y sus altas chimeneas de humo, pero lo hacen sin cortar la atmósfera viciada y nauseabunda que se encuentra en todos los rincones de la ciudad. Todo en Coketown se encuentra en pésimas condiciones de visibilidad, de tal modo que su acceso nunca es directo para el crítico social, sino que debe sortear la niebla y el barro, la oscuridad y el disimulo.

En Coketown, lo que Dickens llama el "gran manufacturador" no es el espacio, sino el tiempo de producción, la máquina invisible y silenciosa a partir de la cual las cosas extensas se dilatan en la abstracción de las horas. Los niños son estirados y moldeados para en una fecha precisa ser ofrecidos como empleados bancarios u obreros; en la vida de los *"brazos"* (así llaman a la clase obrera), sus ademanes y sus pensamientos repiten la inercia del golpeteo; incluso, aunque Dickens no lo dice, es probable que forniquen al ritmo de una máquina de hilar. El tiempo, en tanto *Great*

*Manufacturer*, por fin, es anterior a todo: a las máquinas y a los obreros, puesto que los produce a todos por igual: el crujir, aplastar y chirriar de la máquina es el equivalente mineral del envejecer y atrofiarse, ambos son artefactos que se desgastan con el ritmo de la producción.

Marx no es ajeno a este episodio industrial de la vida inglesa. Por su parte, advirtió este peligro del tiempo de la producción en *Misère de la philosophie* de 1847, porque al hacer bailar a las máquinas y a los cuerpos al mismo ritmo, "el balanceo del péndulo ha devenido la medida exacta de la actividad relativa de dos obreros, como lo es la rapidez para dos locomotoras":

> En consecuencia, no hay que decir que una hora de un hombre vale una hora de otro hombre, sino más bien que un hombre de una hora vale otro hombre de una hora. El tiempo es todo, el hombre no es más nada; es a lo sumo la carcasa del tiempo. (1847:30)

En el cine, esta escena fundamental del hombre como *carcasse du temps* aparece en *Metrópolis* (1927) de Fritz Lang, cuando Freder, *homme d'une heure*, tratando de controlar las manecillas de un reloj gigante, adopta la pose teatral del crucificado por la jornada horaria. Esta es la imagen icónica que Marx denunció como la estafa fundamental del sistema capitalista: la cuantificación de la actividad humana como hora de trabajo social. Esto significa que la forma de la riqueza capitalista está definida aquí desde el punto de vista de la burguesía industrial –uno entre otros– que es aquella que fracciona temporalmente al sujeto para poder proponer la cifra del salario. Y el burgués lo hace a sabiendas de que las horas de trabajo no poseen una intensidad fija, sino variable, dependiendo de su inversión en el capital tecnológico.

Por supuesto, la ideología industrial jugó un rol fundamental en este aprovechamiento de la oscuridad y ocultamiento de la génesis productiva. La operación ideológica clásica era instalar la convicción de que las clases ociosas son la genuina causa de las realidades materiales. Ópticamente, esta inversión responde a la mecánica de la "camera obscura" de *La ideología alemana* de 1845-1846, homóloga a la cavidad orbital del ojo, que reproduce en su interior la imagen invertida del edificio exterior, patas arriba, como si la producción fuera el resultado superestructural de los charlatanes de la alta burguesía industrial (el célebre "gracias a nosotros" que nunca pasa de moda entre los industriales).

Ahora bien, el fetichismo es completamente de otro orden, pues no apunta al modo en que se produce la riqueza, sino al modo en que se expone la riqueza en el intercambio; se trata de la mercancía, cuya dinámica no es el engaño por ocultamiento, sino por fascinación. El problema es exactamente el inverso que antes, de la crítica que se enfrenta no a la falta de luz, sino a su saturación, puesto que ahora vemos demasiado, bajo la amenaza constante de tropezar por el resplandor y el encandilamiento (y en *El capital*, las metáforas lumínicas de Marx de la oscuridad y el encandilamiento funcionan sobre este contrapunto entre ideología y fetichismo, entre el escamoteo esencialista del "parecer" *–aussehen–* y la sinceridad fenomenológica del "aparecer" *–erscheinen–*). Por eso advertir que la mercancía "posee trabajo oculto" o que "es el resultado de la producción" es un progreso general en la crítica de la ideología, al modo de las novelas dickenianas que dieron al mundo "más verdades políticas y sociales que las expresadas por todos los políticos, publicistas y moralistas puestos juntos" (esto lo escribía Marx en agosto de 1854 para el *New York Tribune*), pero deja intocada la manifestación fetichista de la mercancía, "así como la descomposición científica del aire en sus elementos, deja sin cambiar la forma del aire en tanto forma corporal física".

A diferencia de la alegoría materialista del edificio, para explicar al mercado capitalista debemos apelar a la arquitectura fundamental de las exhibiciones, de las plataformas prometidas a los sentidos. Dado que la sociedad de mercado pertenece, como dijimos, a un modo de producción que en lugar de "producir para consumir", como en los tiempos precapitalistas, "produce para cambiar", necesita como fase intermedia la exhibición y la seducción, a cuyo imperativo responde el impulso ciego de la competencia (el "valor de exposición" en la terminología benjamiana). Y el valor de exposición, a diferencia del valor de uso, tiene pocas exigencias ontológicas; en efecto, en el *Schein* alemán de Marx —como en el *show* del inglés– se advierte uno de los rasgos fundamentales de la vida de nuestros *gadgets*, que es su predisposición natural a perder profundidad en beneficio de las pulgadas de exposición. La necesidad de exhibir tiene la forma de una ley tendencial creciente en el mercado capitalista, que por su propia lógica bastardea a los productos en "soportes materiales", en pequeñas pistas de aterrizaje fabricadas especialmente para que el valor de cambio se pose sobre ellas.

## El Palacio de Cristal de Joseph Paxton

Marx y Engels, en una editorial del *Neue Rheinische Zeitung* publicada el primero de noviembre de 1850, anticipan a sus lectores londinenses la interpretación de un fenómeno internacional que está por ocurrir en Londres. Dentro de seis meses, va a inaugurarse la *Great Exhibition of the Works of Industry of all Nations* donde todos los imperios modernos de Francia a China están siendo llamados a rendir "examen", a mostrar sus grandes invenciones o descubrimientos. El artículo preludia este acontecimiento como un hito de la globalización, la primera presentación de un "mundo sincrónico" como lo llamó Peter Sloterdijk. Marx y Engels anticipan un acontecimiento en la internacionalización de la vieja vida nacional:

> Esta exposición es una prueba sorprendente del poder concentrado con el que la gran industria moderna por doquier rompe las barreras nacionales y difumina más y más las peculiaridades locales de la producción, las relaciones sociales y el carácter singular de cada pueblo. (I/10:457-458)

En su interior, se va a poder visitar el *General Intellect* de la humanidad, la sabiduría acumulada bajo la forma de máquinas industriales de todo tipo.

Y más allá de la inauguración –continúan reflexionando Marx y Engels–, los burgueses, con la ceguera histórica que caracteriza a su personaje, no advierten lo que están por hacer: ofrecer la solución a los problemas de las revoluciones de 1848. La *Exhibition* le da al proletariado una direccionalidad para la política, la imagen de un futuro donde el trabajo no será necesario. Al presentar "en una pequeña habitación para *shows* la masa global de fuerzas productivas de la industria moderna", estos burgueses, ingenuamente, "sacan a luz" los componentes "para la edificación (*Aufbau*) de una nueva sociedad" donde la clase obrera ya no es necesaria:

> La burguesía está celebrando eso, su mayor fiesta en un momento en que el derrumbamiento de su entera magnificencia está próximo, un derrumbe que demostrará con una contundencia jamás lograda cómo las criaturas se emancipan de su poder creador. Quizás en una exposición futura la burguesía ya no figure más como dueños de estas fuerzas productivas, sino solo como su Ciceroni. (I/10:458)

Según esta profecía, el desarrollo de las fuerzas productivas en Coketown, combinado con las exposiciones que universalizan los frutos de la inteligencia humana, componen un único movimiento que pone a la chispa eléctrica cerca de la mecha revolucionaria. El remate sarcástico de este pronóstico, sobre el que volveremos más adelante, es que los dueños de los medios de producción mutarán en guías turísticos, *Cicerone*, designación que se aplicaba al que guiaba las visitas frente a una colección y que, según se cree, deriva su nombre de la verborragia de Cicerón.

Pero como "las consecuencias son imprevisibles", lo que resultó fue algo completamente original y desquiciado respecto de la metáfora entre base y superestructura: la primera *Exposición Universal* resultó ser, en palabras de Charlotte Brontë, un gran "bazar o feria". Marx y Engels esperaban una repetición de las decenas de "exposiciones públicas" o "nacionales" que ya habían tenido lugar en Francia desde 1798 a 1849, donde se presentaban los *"produits de l'industrie française"*. Pero la *"Exhibition"*, según acotó Marx a fines de enero de 1852 –tres meses luego del cierre—, fue menos una anticipación del *General Intellect* que un "himno de paz cosmopolita-filantrópico-comercial". Karl Marx fue sorprendido por una especie de *World Wide Web* en pleno siglo XIX, y el resultado teórico de esta estupefacción desembocará en el apartado titulado "El carácter de fetiche de la mercancía y su secreto".

Pues bien, veamos lo que sucedió en 1851. La estructura que envolvió el acontecimiento fue el llamado *Crystal Palace*, una arquitectura especialmente diseñada por Joseph Paxton para dar lugar en sus pabellones y galerías a la exposición. Lejos de ser una "pequeña habitación para *shows*", fue una obra descomunal de quinientos metros de largo brillando bajo la sofocada luz londinense.

Figura 5: Foto panorámica del Palacio de Cristal.

En menos de seis meses, asistieron seis millones de visitas, es decir, casi tres veces la cantidad de habitantes de Londres. Y pese a que el título celebró literalmente el progreso en la industria (*"the Works of Industry"*), escasos son los que fueron a ver las nuevas *cotton machinery*, el microscopio de Pillischer o el telescopio de Ross, disponiendo, en cambio, de exquisitas joyas y telas de la India, exóticas lámparas chinas y pipas turcas, el cuchillo de Norfolk que con casi un metro de largo desplegaba setenta y cinco hojas diferentes, un mamotreto mecánico que preparaba soda y otro que servía café, sables, jarrones, escopetas, fuentes, razas de perros, candelabros y un largo etcétera (el catálogo ilustrado, abarrotado de curiosidades, tiene algo más de cuatrocientas páginas).

Por cierto, no es la primera colección de rarezas en la historia: antes, el *studiolo* italiano, como la *Kunstkammer* rusa y la *Kunstschrank* alemana, estaban ya dotados con maravillas y curiosidades de todo el mundo, que incluían desde trozos de sirenas y dragones hasta astillas de la cruz de Cristo. Pero ninguno tuvo la escala social del Palacio de Cristal, un invernadero demencial donde los monstruos eran, además, hijos de la civilización, como el autómata del Dr. Frankenstein o el flautista de Vaucanson. Se podía visitar, por ejemplo, el hombre de acero del conde Dunin, que expandía su cuerpo al girar una manivela; o los inquietantes modelos anatómicos en papel maché del doctor Auzoux; o los gatos disecados de Wurtemberg en pose de tomar el té o afeitarse la barba; o el *Comic Electric Telegraph*, una cabeza siniestra conectada a unos pulsadores que activan sus gestos. Incluso, por un efímero momento, podía uno deleitarse con una Venus de Milo esculpida en manteca.

La construcción del edificio respondió, en sí misma, a la lógica aditiva por la cual se añaden símbolos culturales en su interior. A diferencia del verticalismo de base-superestructura que caracteriza al edificio del materialismo histórico, el Palacio del fetichismo está enteramente construido con módulos prefabricados de vidrio: no posee esqueleto oculto y en lo inmediato se contrapone a las tácticas miserables de la ideología que disimulan la estructura fundamental revocando, revistiendo o pintando. Puesto que, como bien sentenció Fiodor Dostoievsky en *Memorias del subsuelo*, "¿qué clase de Palacio de Cristal sería si admitiera la duda?".

Lo que se advierte en esta lucha de metáforas arquitectónicas entre el hormigón armado y el vidrio es una mutación del espacio y su relación con la luz. El edificio del materialismo histórico contrapuesto al Palacio de Cristal de Joseph Paxton delimitan dos arquitecturas bien diferenciadas que responden a dos ciudades distintas: la ciudad de la producción del tiempo de Dickens y la ciudad de la exhibición del espacio de Paxton, el *Coketown* diacrónico y el *mercado* sincrónico, respectivamente. Estas ciudades no están en paz entre sí, sino que libran una batalla secreta que puede resumirse en la tensión geométrica entre la línea (de producción) y el espiral (del intercambio). En los términos de la dialéctica hegeliana, el proceso de producción —que comienza con el trabajo y finaliza con el producto acabado— está subsumido por el espacio espiralado de la valorización, que revela ilusorios a los procesos históricos. A diferencia del *Prozess* productivo, el circuito intercambiario se expande mediante un movimiento que avanza repitiendo y repite avanzando, que "determinada tan solo por su cometido mecánico", adiciona sin detenerse a planificar.

A destacar, si la fábrica produjo asalariados, el Palacio de Cristal, en la antropología que predispone este templo –puesto que "somos, nos movemos, vivimos, a través la obra del hombre"–, es visitado por un tipo de sujeto movilizado por lo que Charlotte Brontë llamó, en una carta al padre del 7 de junio de 1851, una "invisible influencia", una fuerza que traduce multitudes en avisperos humanos.

> La multitud que llena los grandes pasillos parece gobernada y sometida por alguna invisible influencia. Entre las treinta mil almas que lo poblaron el día que estuve allí, no se escuchó un ruido estridente, ni se vio un movimiento irregular; la marea viva rodaba con sosiego, con un zumbido profundo (*deep hum*) como el mar oído a la distancia.

Este humanismo ovejuno nace a mediados del siglo XIX y no se basa en la explotación como en Coketown, sino en el nuevo pastoreo de ociosos. Como símbolo de una época, estos grupos compactos, masivos y domesticables fueron aprovechados por Thomas Cook, el padre de las empresas de turismo y el hijo capitalista de los *Ciceroni*, que en ese 1851 organizó una serie de *tours* en los que movilizó a más de cien mil personas a la *Gran Exposición* de Londres. Un nuevo fenómeno que, sin sustituir a los dueños de los medios de producción, iba a expandirse rápidamente por todo el mundo. Así, un cónsul británico en Florencia –citado por Daniel Boorstin–, se quejaba en 1865 de que las ciudades italianas estaban de golpe:

> … inundadas con manadas de estas criaturas, las que nunca se separan y a las que usted ve en grupos de cuarenta vagabundeando por la calle con su director –ora en el frente, ora en la retaguardia, dando vueltas a su alrededor como un perro pastor– y realmente el proceso es un pastoreo tanto como algo puedo serlo.

El esfuerzo acompasado de los "brazos" y el desgaste de las "horas de trabajo", propios de Coketown, ceden a una nueva filosofía de la antipraxis, el *turismo*, actividad basada en el merodeo y que produce un *"deep hum"* como las moscas agolpadas en una tarde de verano. No sorprende por ello que el economista Jeremy Rifkin, atento a este nuevo despliegue de la cultura de masas, haya declarado al turismo de Thomas Cook como la primera empresa en vender una mercadería puramente inmaterial, el entretenimiento, la punta del ovillo que culmina en Hollywood en tanto *remake* del palacio paxtoniano.

Y para cerrar con este contraste señalemos, por último, que el *Crystal Palace* encarnó perfectamente el ideal de exhibición que domina la tienda contemporánea, porque si hay algo que tienen profundamente en cuenta sus edificios es la sabiduría de Joseph Paxton, que no era arquitecto, sino paisajista: lograr que la exposición se separe de la producción o, lo que es lo mismo, que el paisajismo no sea jardinería.


## Presentación de las tiendas

Puesto que se sabe mucho de la historia de las fábricas y muy poco sobre el desarrollo de las tiendas, digamos algunas palabras preliminares.

Mucho antes de la *Exposición universal* de 1851, las primeras tiendas fueron fundadas por artesanos. Eran edificios cuya estructura funcionaba sobre la indistinción entre producción e intercambio, por lo que eran más parecidas a talleres que a tiendas propiamente hablando. Las verdaderas tiendas aterrizarán aproximadamente en el siglo XVII, cuando el antiguo *mercader* ambulante (que no es un artesano) abandone los hábitos itinerantes para instalarse junto a los talleres de los artesanos. Superviviente de la caída del Imperio romano y de la oscuridad de la Edad Media, el mercader errante se estabiliza en *tendero* –el especialista en tiendas– o *mercero* –el especialista en mercancías—, y se convierte en parte de las mitologías urbanas desde entonces. Como señaló el historiador Fernand Braudel en *Civilización material, economía y capitalismo*:

> Los "verdaderos" tenderos llegarían enseguida: se trata de los intermediarios del intercambio; se deslizan entre productores y compradores, se aprestan a comprar y a vender sin fabricar nunca con sus manos (al menos por entero)

las mercancías que ofrecen. (…) Al principio, y frecuentemente antes del siglo
XIX, los tenderos habrán vendido indiferentemente las mercancías obtenidas
de primera, de segunda y de tercera mano. Su primer nombre habitual,
*mercero*, es revelador: viene del latín *merx, mercis*, la mercancía en general. El
proverbio dice: "Mercero vendedor de todo, hacedor de nada". (Traducción de
Isabel Pérez-Villanueva Tovar)

A renglón seguido, Braudel conecta –correctamente creemos– esta
historia de la tienda con *El capital* de Marx, en razón de que el tendero
es una "personificación" viva del capital, un portador inconsciente del
capitalismo en medio de una realidad artesanal. El contraste es notorio.
Usando las fórmulas de Marx, los artesanos siguen la lógica inofensiva
del M-D-M ("conversión de mercancía en dinero y reconversión de este
en aquella, *vender para comprar*"), mientras que el tendero encarna
la lógica capitalista del D-M-D ("conversión de dinero en mercancía y
reconversión de mercancía en dinero, *comprar para vender*").

El "tendero", en alemán *Krämer* –figura a la que Immanuel Kant recurre
en 1785 para su laboratorio ético–, es el soporte de una forma de pensar
que está estructurada por la relación entre la totalidad de los productos
y el dinero; esto es, que se comporta *como si* los trabajos del '*tailleur*'
(sastre) y del '*tisserand*' (tejedor) fueran de la misma sustancia monetaria.
Encarna, dentro de un medio artesanal hostil, el punto de vista de la ley
del valor en que las cosas no son valoradas por su esfuerzo o utilidad, sino
en su forma consumada como dinero. De ahí que el mercader, mercero
o tendero, cualquiera sea el tiempo y lugar donde se lo encuentre, es un
precursor de la perspectiva del lienzo de *El capital*, para quien todos los
productos son gemelos de la materia dineraria ("como un huevo a otro").

Dos historias se abren a partir de la llegada del tendero, la de la
industria y la del mercado. La primera, muy conocida y estudiada, Marx
eligió presentarla en *El capital* en "su forma clásica" a partir de Inglaterra,
desde la violencia expropiadora en sus inicios hasta la moderna fábrica
inglesa. La cumbre de esta tragedia está en la sección tercera de *El
capital*, cuando el artesano "maestro de obras" o "albañil" (*Baumeister*)
se proletariza y abandona la tienda artesanal urbana para penetrar en el
"secreto laboratorio de la producción", es decir, la fábrica. En adelante,

el constructor y su progenie (la *working class*) adoptan la fisonomía de un nuevo *dramatis personæ* que vive una vida doble, escindido entre la muy oscura jornada laboral y la sobre-iluminada jornada de ocio. Pero no reincidiremos sobre la historia de Inglaterra, que es la del capital industrial, ni sobre sus arquitecturas, que es la fábrica dickeniana. En todo caso, la presupondremos para una segunda historia, la del mercado y sus arquitecturas en el siglo XIX y XX.

En los próximos capítulos, proseguiremos con un estudio de edificios, retomando el espíritu de aquello que los arquitectos revolucionarios del siglo XVIII denominaban *architecture parlante*, esto es, artificios cuya función está narrada arquitectónicamente, como los *fast-food* con forma de hamburguesa o los prostíbulos con forma de pito. Veremos los tres edificios paxtonianos más famosos del mercado: el *grand magasin*, el *self-service* y el *shopping mall*. Cada uno, por su diseño inteligente del espacio, se nos revelará como un aprovechamiento original de lo que presentamos en la primera parte del libro como mercado mundial; cada uno, por vehiculizar tendencias preexistentes y contemporáneas al genio de Tréveris, será para nosotros la dilatación histórica del fetichismo observado por Karl Marx; y cada uno, por el solo hecho de componer una arquitectura, tendrá la estructura de una trampa original.

Este último punto es fundamental de retener para no caer en la salida fácil del socialista inglés que critica Marx, esto es, el complotista paranoide que concibe al diseño de las tiendas "como un engaño puramente subjetivo, detrás del cual se encontraría la traición y el interés de las clases explotadoras". Esta crítica de la ideología pierde de vista lo esencial y es que "no ve cómo el modo de representación surge de la relación real en sí misma; esta última no es la expresión de la primera, sino a la inversa" (II/3.4:1432). En efecto, ningún burgués inventa la lógica del valor, sino que la aprovecha. Sometidas a una pesquisa marxista, las tiendas-trampa no son simples engaños, sino la "agrupación (*Zusammenfassung*) de muchas determinaciones" que tienen una existencia social y objetiva. El gran almacén, el supermercado y el shopping, cada uno de un modo que le es característico, aprovechan al sujeto de mercado ofreciendo "un canal al servicio del drenaje"; funcionan, en este sentido, del mismo modo que la trampa de caza descrita por Benedict Singleton en *Maximum Jailbreak* que, a diferencia del disparo, la puñalada y el golpe directo "*apalanca* las tendencias ambientales ya existentes". Como, por ejemplo:

> (...) su inclinación a comer cierto tipo de comida, como se hace con el cebo; o como ocurre con un buen cepo, que mata a través de la desesperación, estrangulando al objetivo cuando intenta escapar. (Traducción de Mauro Reis)

El gran almacén, el autoservicio y el *shopping mall* son edificios *ad-hoc* en este sentido de Singleton, "parodias letales" del comportamiento perverso del consumidor, que, si bien es cierto que tienen el efecto de reformar al ser humano, lo hacen sobre un molde social de la víctima. Que en nuestro caso se trata, claro está, del fetichista.

# Capítulo 1
# **El gran almacén impresionista**

De seguro que la pintura, que es, con mucho, más útil y más bella, agradará más. Pongan el nombre de Dios escrito en alguna parte y enfrente su imagen pintada, y verán a cuál de los dos hacen más reverencias.

Anotación de Leonardo Da Vinci de fines del siglo XV

## 1.1. La acumulación originaria de peatones

Cuando Marx visitó por primera vez París en la temporada de 1843 a 1845 –a la que anticipó como "la nueva capital del nuevo mundo"–, la superposición urbana entre la lógica artesanal y la lógica del tendero estaba vigente y ampliamente diversificada por el ritmo creciente de la especialización. El mercado no tenía una fisonomía propia –a diferencia de, por ejemplo, Inglaterra con los *Bazaar*–, sino que aparece como un enorme cúmulo de talleres. La "sastrería y tejeduría" (*Schneiderei und Weberei*), las tiendas con las que arranca *El capital*, son emblemáticas de ese atraso arquitectónico del mercado: sus edificios sobreentienden a la *mercancía como producto*, lo que se expresa tanto adentro como afuera del taller: adentro, en tanto se escenifica la fatiga de la producción con el ambiente de trabajo, y afuera, porque en su fachada cuelga un espécimen o se lo informa mediante una chapa perpendicular de zinc (la *tableau d'enseigne*).

Esta situación inicial de París va a cambiar a partir del 9 de septiembre de 1869, fecha –mítica, claro está– en que se funda la arquitectura que, junto a la fábrica industrial, va a volver obsoleto el régimen basado en la singularidad irrepetible del producto artesanal. Según cuenta Jacques Marceille, ese día se colocaba la primera piedra del primer gran almacén de Francia, anunciado por su fundador como "el único edificio especialmente construido y enteramente destinado al uso de un gran comercio de novedades". Su impulsor fue Aristide Boucicaut, un tendero que reconstruyó una antigua mercería llamada *Le Bon Marché*, bajo la forma colosal de *grand magasin*. En unos pocos años, esta trampa que confunde sin matar acabará resumiendo la enorme diversidad de "*Schneiderei und Weberei*" en una única y creciente arquitectura que absorbe la clientela y desertifica la competencia. El contraste entre el momento en que asumió como socio en 1852 y el año de su muerte en 1877 es expresivo de esta capitalización del consumo: de ganar medio millón de francos pasó a la suma exorbitante de setenta millones anuales, de tener doce dependientes a mil ochocientos, y de una superficie de 300 m2 pasó a otra de 50.000 m2.

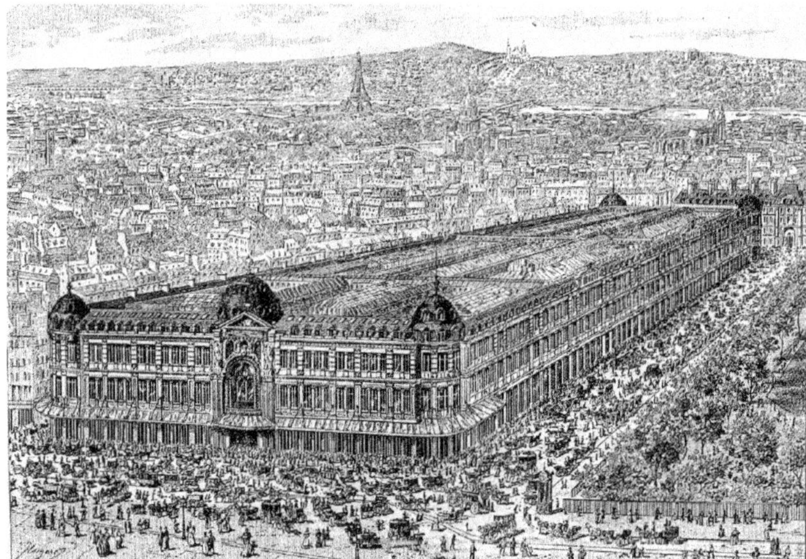

Figura 6: Gravado de fin del siglo XIX representando al gran almacén parisino en 1887.

París, por cierto, para esta arquitectura-trampa fue una información ambiental imprescindible. Así como el pescador persigue determinadas corrientes de agua, Boucicaut acomodó su piedra fundacional en consonancia con las reformas urbanas del Segundo Imperio. Esta ciudad, bajo el impulso del prefecto Haussmann (satirizado como el "Atila de la línea recta"), estaba siendo rectificada para encausar e intensificar el tránsito y cortada diagonalmente por enormes y despejados bulevares, a donde confluirían naturalmente los recientemente inventados *transeúntes*, el efecto antropológico del adecentamiento de la vereda. Los rincones y los recovecos, cuya pobre refracción de la luz favorecía la delincuencia, la prostitución y la rebelión, fueron sustituidos por una nueva ciudad de alta definición. Es precisamente en la boca más pequeña de este embudo urbano donde Boucicaut montó y camufló su gran almacén, adoptando la misma apariencia que los edificios adyacentes, el llamado estilo Segundo Imperio.

Con sus grandes arcadas de ingreso, simuló una continuación del curso natural de la vereda: para los peatones, entrar al mercado era como doblar en una esquina. Émile Zola, que realizó una gira etnográfica por los grandes almacenes parisinos, en su novela *Au Bonheur des dames* de 1883 presentó la entrada como un remolino acuático, porque "de la misma forma que los ríos atraen las aguas errabundas de los valles, era como si el caudal de clientes que entraba a raudales se tragase a los transeúntes". Al no haber una puerta maciza, la costura con el tejido urbano de la capital se volvió tan discreta que la separación entre lo público y lo privado, lo abierto y lo techado, entró en un cortocircuito: las galerías y los *halls* internos suplantaron con éxito los bulevares y las plazas exteriores.

Exagerado, como todos los orígenes, pero por eso mismo más transparente en su configuración, el *grand magasin* irrumpió en unos pocos años como un volcán en medio del paisaje semifeudal de las tiendas parisinas. Avanzando con la "la gracia de un buey pisando un lecho de rosas" –por usar una expresión de Octave Mirbeau–, *Le Bon Marché* aplastó a las pequeñas *boutiques* y forzó a las grandes a convertirse en más grandes, en tiendas departamentales o grandes almacenes. Esto, sin embargo, no solo afectó a los viejos merceros, sino que siguiendo la técnica contingente de las '*novedades*' saltó de rubro en rubro, generalizando el pánico a las tiendas-talleres. La incorporación de nuevos productos en la vidriera de *Le Bon Marché* preludiaba un asesinato lento y silencioso:

con la exhibición del sombrero fundió al sombrerero; con las pieles al peletero; con los juguetes al juguetero; con los paños al pañero; con el paraguas al paragüero, y así sucesivamente.

Para nuestro libro, la importancia del *grand magasin* frente a las *boutiques* y el resto de las tiendas semiartesanales es que por primera vez el mundo de las mercancías es reconocido y cobijado por una estructura edilicia. Desde su fundación fue hecha, como advirtió Zola, a la medida de un *"peuple de clientes".* Supuso un concepto distintivo de espacio frente a la esfera de la producción, puesto que lo que debe mostrar no es un producto en particular, sino exhibir las "mercancías en general", es decir, lo que el dinero puede comprar. Así como la fábrica del siglo XIX adoptó la organización cerrada y panóptica de las prisiones para la *producción de mercancías* –pienso en la célebre tesis de Michel Foucault–, el grand magasin reconoció en el *Crystal Palace* el ejemplo modélico de distribución óptica y luminosa para la *exposición de las mercancías.* Su modo de exposición, inadecuado para el edificio del materialismo histórico, es la clave de bóveda del primer edificio del mercado, cuyo plan no es procesar energía de trabajo (*Arbeitskraft*), sino recoger la energía perversa del ocio, condensar esos deseos calientes que, como diría Mantegazza, se dispersan inútilmente en el vacío infinito del espacio público de París.

## 1.2. Reflejos de escaparate

El modo peculiar en que *Le Bon Marché* reprodujo el comercio parisino bajo su cópula vidriada –la mercería, la sombrerería, la paragüería, la pañería, etcétera–, es la llamada distribución 'departamental', una especie de organización colmenar que relocaliza a cada tienda dentro de secciones genéricas (en francés, de hecho, departamento es *rayon* y panal es *rayon de miel*). Las antiguas cuevas de los vendedores, antes retraídas hacia el interior del edificio, fueron desplegadas en los departamentos mediante un proceso similar al modo que abrimos una naranja con el pulgar, empujando lo cóncavo a lo convexo, forzando a que los oscuros armarios, estantes polvorientos y opacas cajas se desplieguen en impresiones estupefacientes. Los suntuosos decorados de Boucicaut responden a ese modo que no persigue el vallado y el depósito, sino la más franca y pública exhibición.

Una vez adentro, lo que sacude y desorienta es la confrontación con miles y miles de detalles que antes estaban archivados (de ahí procede su nombre de 'almacén'). Una víctima cualquiera, expuesta de modo prolongado a la atmósfera voluptuosa del gran almacén, registra en forma indivisa la textura "infinita e innumerable" del fetiche: el aroma a muerte de las pieles, el almizcle que ataca la garganta y la seda que acaricia el ojo. El decorado interior no está destinado al análisis cuidadoso de los productos, como los que se practicaban en los mostradores de las pequeñas tiendas artesanales –verdaderas mesas de autopsia para la inspección–, sino que aspira a la saturación y la amplificación del brillo, que es la técnica adecuada para capturar consumidores en movimiento, que se desplazan al modo de los líquidos y no de los sólidos.

No nos demoraremos en esta configuración interior, que degenera rápidamente en la progresión sin orden, jeroglífica, de los listados interminables de fetiches. Para el caso, puede leerse el referido libro de Zola, traducido a nuestro idioma como *El paraíso de las damas*. Por hacer justicia naturalista al decorado interior, el bueno de Zola produjo decenas de páginas cargadas de enumeraciones y descripciones de trapos, tan largas y aburridas como el catálogo de naves de Homero o las genealogías del Antiguo Testamento: un mantón de encaje de Brujas, un abrigo aterciopelado y bañado en zorro plateado, un tapado de seda forrado con la piel de una ardilla siberiana, un paletó bordado con plumas de gallo, un vestido de *casimir* tibetano adornado con detalles de cisne, y, en fin, cualquier cosa que pueda imaginarse de este modo. Su descripción, de hecho, fue tan lograda que el lombrosiano Max Nordeau –entre otros– lo acusó de "degenerado superior" y "psicópata sexual" de la ropa femenina, precisamente por ofrecer un cuadro ajustado de lo que solo podía ser dicho con un catálogo a domicilio.

Para comprender el modo de exposición de Boucicaut –llamado con justicia el "primer escaparatista de París"– y no quedar atrapados en la amplificación impresionista del jeroglífico interior, la mejor estrategia es retirarnos de *Le Bon Marché* y empezar por el exterior, donde disponemos de una síntesis artística del gran almacén: el *escaparate*. La mejor caracterización para este cuadro vidriado no lo encontraremos en la novela de Zola, sino en una de sus misivas, la del 18 de agosto de 1864:

> Toda obra de arte es como una ventana abierta sobre la creación, en que hay, empotrada en la abertura de la ventana, una suerte de pantalla transparente, a través de la cual se perciben los objetos más o menos deformados, sufriendo unos cambios más o menos sensibles en sus líneas y en sus colores. Estos cambios dependen de la naturaleza de la pantalla. Ya no estamos ante la creación exacta y real, sino frente a la creación modificada por el medio a través del cual pasa su imagen.

Esta vitrificación de la fachada en los vanos del piso inferior, el *devanture* de los franceses, tiene la función de *cebo* dentro de la economía perversa de la trampa. En efecto, como continúa Zola, "por pura y transparente que sea" esta ventana no abre su interior para mostrar, sino que refracta una serie de "rayos lumínicos" (*rayons lumineux*) que atraen al espectador. Esta aclaración es decisiva para comprender qué tipo de abertura es un escaparate. Si lo comparamos con una ventana normal, el escaparate-cebo tiene una función completamente anómala: aquellas aberturas *abren* el espacio, mientras que el escaparate lo *entreabre*, ofreciendo el tipo de hueco que disfrutan los fetichistas. Porque para hacer un buen cebo, recordemos, hay que saber bien lo que tienta a la especie.

Retomando el contraste, si el principio de la producción fabril es el de la visión panorámica, el de la vidriera es la *ranura*, un espacio entreabierto en la roca que permite gozar visualmente el carácter fetichista, pero sin poder aprovecharlo (la norma perceptual del *voyerista*). A diferencia de un gran ventanal, que tiene un fin comunicativo, la ranura, cualquiera sea su escala, introduce un corte entre el valor de uso y el valor de cambio, volviendo impalpable al producto y visible al carácter fetichista. Su analogía doméstica más exacta, por ello, no son las ventanas, sino esas pequeñas aberturas especialmente hechas para la refacción de la mirada y la rarefacción de los objetos, como el ojo de pez en la puerta o el televisor de plasma en el *living*.

En definitiva, para el espectador que espía a través de la vidriera lo que queda del universo denso de los productos son los *reflejos de escaparate*, los rayos lumínicos que son lanzados como proyectiles al ojo del transeúnte. Los especímenes colgados en la fachada o los carteles perpendiculares, que son signos en el mismo sentido que lo es una flecha en el aeropuerto, preservaban la distancia, mientras que el reflejo de escaparate impone el punto de vista en que es observado, al modo de "una visión del mundo que se ha objetivado". Nuevamente, no debemos caer en el argumento ovejuno de que el vidrio es transparente, puesto que así razonan las presas; el cebo incluye a esta presunción que considera a la "imagen" (*Bild*) de la mercancía como una representación exacta de un "objeto exterior" (*äußerer Gegenstand*), alguna cosa que en virtud de sus propiedades naturales satisface necesidades humanas. Como dice Marx, se manifiesta:

> Al modo de la impresión luminosa de una cosa sobre el nervio óptico, que no se presenta como una excitación subjetiva del nervio óptico mismo, sino como una forma objetiva de las cosas exteriores a los ojos. (II/6:103)

Si bien la mercancía en la vidriera se ve exactamente igual que un producto *en exhibición*, ello solo sirve para ocultar que estamos *expuestos* a una regulación específica de la luz. La realidad no es más que la confusión que aprovecha el tendero para explotar la seducción de las mercancías.

En la obra madura de Marx, este efecto óptico en que se funda el escaparate podría designarse, sin más, como *quid pro quo* ('esto en lugar de aquello'), pero solo a condición de que se sobreentienda a este *quid pro quo* en su sentido clásico y artístico. Usada antiguamente en el marco del teatro cómico, era utilizada para nombrar una confusión óptica entre cosas semejantes o personajes parecidos, como en el *Anfitrión* de Plauto, en que los dioses y los humanos se ven exactamente iguales, aunque uno sea divino y otro sea mortal. Otro tanto podemos decir de la vidriera, en donde las mercancías y los productos se ven exactamente iguales, aunque uno pertenece a la esfera profana de la producción y el otro a la esfera sagrada del mercado.

## 1.3. La caída de la negociación

En *Investigación sobre la naturaleza y las causas de la riqueza de las naciones* de 1776, la obra emblemática de Adam Smith, este escocés explica que el "precio real" de cualquier cosa es el "precio en trabajo", es decir, "lo que realmente le cuesta al que quiere adquirirla", el "esfuerzo y dificultad" (*toil and trouble*) que supuso obtenerlo. Esto se aplica no solo a las mercancías, sino también al dinero, que a fin de cuentas es algo producido:

> El trabajo fue el primer precio, la moneda originaria de compra con la que se pagaron todas las cosas. No fue con el oro o con la plata, sino con el trabajo, que toda la riqueza del mundo fue originariamente comprada; y su valor (*value*), para quienes lo poseen y quieren cambiarlos por algunas nuevas producciones, es precisamente igual a la cantidad de trabajo (*labour*) que con ella pueden permitirse comprar o comandar.

El dinero, sea trigo, reces, sal u oro, no es más que "otra clase de bienes", lo que fundamenta al intercambio como una correspondencia entre esfuerzos o energías objetivadas, entre una cantidad de trabajo expresada por el lienzo y una cantidad de trabajo expresada por la chaqueta.

Por eso, si los seres humanos fueran, además de inteligentes, virtuosos, este intercambio se resolvería con justicia salomónica: si el cazador y el panadero tardaron lo mismo en capturar a la presa y preparar un kilo de pan, una nutria se intercambia por la bolsa de pan. Pero como los individuos −y este es un hecho antropológico fundamental para Smith− no son benevolentes, cuando se encuentran en la panadería tienen que negociar. Ambos, comprador y vendedor, son individuos *egoístas y pactistas*, antropologías que combinan un profundo *self-love*, con una "cierta predisposición natural" a intercambiar cosas. De ahí que el acto no sea directo, sino que requiera de la mediación teatral de la negociación:

> Es más probable que consiga [el intercambio] si puede interesar, en su favor, su amor propio (*self-love*), y mostrarle (*show*) que actuará en su propia ventaja al responder a su demanda. Quienquiera que ofrezca a otro un negocio de cualquier tipo, le propone esto. Dame lo que yo quiero, y obtendrás lo que tú

quieres, es el significado de cualquier oferta: y de esta manera obtenemos del otro la mayor parte de los bienes que necesitamos. No es de la benevolencia del carnicero, el cervecero, o el panadero que nos procuramos nuestra cena, sino de la consideración que tienen de sus propios intereses.

Esta es la razón por la cual los productores no resuelven la distribución de los bienes con un simple trueque de trabajos, y por la cual están obligados a exaltar las virtudes de su posesión ("nunca les hablamos de nuestras necesidades, dice Adam Smith en un lapsus empresarial, sino de sus ventajas"). Cada acto de intercambio, de este modo, se vuelve singular y comprende una obra de teatro en miniatura, donde el valor de intercambio del producto y de la moneda fluctúan al ritmo de las buenas y malas actuaciones de estos *showman*.

Recordemos, siguiendo ahora a Daniel Boorstin, que era práctica habitual de estas tiendas dieciochescas marcar los productos mediante un código secreto de símbolos, lo que le recordaba al vendedor el "precio real de cualquier cosa", el *toil and trouble* sobre el cual podían negociar sin caer en pérdidas. Trabados en la relación de intercambio, el comprador va a intentar acercar el precio final a ese límite, mientras que el vendedor lo hará en la dirección contraria, cada quien mostrando lo mucho que le beneficiaría obtener su posesión. Lo que finalmente costaba algo, se comprende, no coincidía con la marca del precio real, sino que era el resultado impreciso de la comunicación social y los intereses de clase, de unos tires y aflojes donde la vestimenta o el acento podían ser indicadores de distintas franjas sociales de negociación. Esta concepción smitheana se corresponde al *mercado de regateo* y los *regateadores* del siglo XVIII, la época prehistórica en que las mercancías eran bienes mudos e inanimados y el oro "otra clase de bienes". Estos individuos exultantes, como es evidente, "tratan *con amore* al valor de uso" (lo llaman *Good* en inglés, *Gut* en alemán y *Bien* en español) y destinan la energía del intercambio a la revelación de sus cualidades intrínsecas.

El negociante smitheano, que no tiene nada que ver con el sujeto de mercado de *El capital*, es borrado del mapa por personas como Aristide Boucicaut, que sustituyó el arte de la negociación por el impresionismo de los marbetes colgantes: los *precios a la vista*. En definitiva, como dice Zola, este fue el acontecimiento que abrió una nueva época en la competencia mundial, el surgimiento de "la marca en cifras conocidas":

> La gran revolución de las novedades partía de este descubrimiento. Si el antiguo comercio en que se asentaron las pequeñas tiendas agonizaba, era porque no podía sostener la lucha de los precios bajos que trajo la marca. Ahora, la competencia se desplegaba ante los ojos mismos del público (...); sin trampas, sin golpes de fortuna planificados a largo plazo a base de un paño vendido al doble de su valor, sino operaciones corrientes –un tanto por ciento regular de beneficio por sobre todos los artículos–, la suerte puesta en el buen funcionamiento de una venta...

La *marque* privada y secreta del vendedor, el único valor estable en el mercado del siglo XVIII, es retirada y cambiada por un marbete público, el precio fijo a la vista, el gesto final y demoledor contra las tiendas premodernas, "tanto más vasto cuanto que se hacía a la luz del día".

Con la universalización del precio fijo, extendido a todas partes bajo la lógica gravitacional de la competencia, los productos no solo modificaron su fisonomía y convirtieron la *sustancia del valor* en un reflejo de escaparate, sino que además convirtieron a la *magnitud del valor* en un estado visible de la materia, sobre el cual el sujeto no debe ejercer otro arte que el de la constatación. Todo está a la vista. Con la inclusión de los precios en el jeroglífico, el mercado fue emancipado del viejo contractualismo a lo Smith y sus histriónicos personajes, para asumir abiertamente un régimen de intercambio donde sus participantes quedan reducidos al análisis silencioso. La magnitud del valor ya no requiere de soportes discursivos, ni siquiera requiere ser pronunciada en voz alta: como tiende a decirse, '*la mercancía habla por sí misma*', en este caso, dice su precio con la cifra arábiga y su lacónico carácter.

Doble caída, por tanto, de la que Marx es testigo mirando el escaparate en una vereda cualquiera de Londres: del valor de uso y de su correlato subjetivo, el negociador: "Tal es la imagen (*Bild*) de las mercancías que aparece en la circulación".

# Capítulo 2
# El automatismo del supermercado

La naturaleza no construye máquinas, ni locomotoras, ferrocarriles, *electric telegraphs, selfacting mules,* etc. Son productos de la industria humana; material natural transformado en órganos de la voluntad humana sobre la naturaleza o de su actuación en la naturaleza. Son *órganos del cerebro humano creados por la mano humana*; fuerza objetivada del saber. El desarrollo del capital *fixe* señala hasta qué punto el saber social general, el *knowledge,* ha devenido en una *fuerza productiva inmediata,* y, por lo tanto, las condiciones del proceso mismo de la vida social han ingresado bajo el control del *general intellect,* y son regenerados con arreglo a él.

Karl Marx, 1858, *Fragmento de las máquinas*

## 2.1. El Cerdito Ondulado

En Norteamérica, a principios del siglo XX, el consumo de mercancías de primera necesidad se resolvía en los almacenes rurales o tiendas de abarrote, el *grocery store*. El funcionamiento habitual de 'hacer los mandados' consistía en un cliente que, en representación de la unidad familiar, deslizaba en el mostrador su listado de compras. Del otro lado, los vendedores a granel con el guardapolvo blanco eran, a todos los fines, la interfaz carnosa del mercado mundial, que apenas tomaban el recado emprendían el 'manos a la obra': revolver el frasco de caramelos, recomendar un dulce de membrillo, apilar las latas de sardina, llenar bolsas de harina, explicar el uso de una ratonera o volver con un frasco de aceitunas; todas tareas típicas de estos fatigados héroes comerciales.

El problema de estas tiendas fue que, en la medida en que aumentó la población y la demanda de bienes de primera necesidad, el acto de intercambio se empezó a encasquillar. La demora para comprar era causante de una forma de enganche social conocida como fila de espera, que en las ciudades tiene la forma de una serie segmentada donde cada individuo conecta su rostro con una espalda (una conceptualización pesimista de esta fila puede leerse en la *serialidad* de Jean-Paul Sartre). Esta instancia de la fila, antaño un centro de socialización, empezó a ser percibida como una tediosa pérdida de tiempo y se la intentó paliar con los envíos a domicilio, técnica imperfecta que, como es sabido, incrementa el precio de la compra y la cantidad de trabajadores necesarios.

Un observador detallado de este problema fue Clarence Saunders. Nacido en Virginia en 1881, este tendero profesional con poca o ninguna sensibilidad estética devendrá en un maestro de la ingeniería social, un Frederick Winslow Taylor, pero de las tiendas. De joven trabajó en varias *grocery stores* y visitó otras, con fama de innovadoras, pero en todas ellas encontró el mismo funcionamiento decepcionante: en las horas valle los empleados estaban de brazos cruzados mientras que en las horas pico no alcanzaban los empleados para atender. En definitiva, una administración ineficiente del trabajo necesario.

Hasta que un día, viajando en tren –y esta anécdota la reproducen los periódicos locales– una epifanía de Saunders lo pone en la vía de una segunda "gran revolución". Ve una granja por la ventana y se imagina a los compradores como "cerditos" (*piglets*) desesperados por alcanzar la abundante ubre de la "cerda" (*sow*). Saunders, a la luz de esta metáfora, interpreta las filas de espera como el resultado de una infraestructura que no sabe dar cabida a las muchedumbres porcinas del siglo XX, pero que, administradas correctamente, podrían ser como el viento de verano para los molinos, los datos para los algoritmos predictivos o los norteamericanos con camisas floreadas para las agencias de turismo. Toda la cuestión gira, como advirtió Marx para con los relojes, en un nuevo mecanismo de escape, especialmente hecho para cerditos.

Saunders patentó su solución el 9 de octubre de 1917 con el nombre técnico de *Self Service Store* o autoservicio. En la patente 1.242.872A, hoy de dominio público, se lee su secreto:

> El objeto de mi invento es proporcionar una tienda equipada para que el comprador se vea obligado a servirse él mismo y, al hacerlo, se le pedirá

que examine el surtido completo de bienes cargados en *stock* --exhibidos de manera conveniente y atractiva- y luego de seleccionar la lista de bienes deseados, se le requerirá que pase por la estación de chequeo y pago donde los bienes seleccionados pueden ser facturados, empaquetados y preparados para luego ser retirados de la tienda...

En el resto de la patente, Saunders se dedica a describir su nueva disposición del espacio, diseñada para que una multitud pueda moverse de modo expedito y eficiente, siguiendo un "recorrido sinuoso" (*circuitous path*) de fácil asimilación para el hábito.

Su primera aplicación real fue apenas anterior a la patente y se llamó *Piggly Wiggly*, nombre dadaísta cuya traducción resolví en el sugerente 'Cerdito Ondulado'. Este hito histórico nació a principios de septiembre de 1916 en Memphis, Tennessee, cuando Saunders abrió la primera tienda con capacidad para cien personas, una máquina que arroja, según alardeó ante los medios, un comprador satisfecho cada cuarenta y ocho segundos. Comparada con la estilización de *Le Bon Marché*, tiene una arquitectura sencilla, ligera y opaca, destinada a funcionar como bastidor universal de los bienes de consumo doméstico. Nada, excepto las mercancías, tiene derecho a reflejar la luz en este emporio con forma de caja de zapatos. La absoluta indeterminación de la arquitectura no es casual, como advierte Michel Houellebecq, sino la condición de posibilidad para que el flujo incesante de las mercancías pueda acomodarse libremente:

> Polivalentes, neutros y modulares, los lugares modernos se adaptan a la infinidad de mensajes a los que deben servir de soporte. No pueden permitirse emitir un significado autónomo, evocar una atmósfera concreta; por lo tanto, no pueden tener belleza, ni poesía; ni, en general, el menor carácter propio. Despojados de cualquier carácter individual y permanente, y con esta condición, están preparados para acoger la pulsión indefinida de lo transitorio. (Traducción de Encarna Castejón)

Clarence Saunders, inaugurando el "mundo como supermercado" de Houellebecq, dio un paso al costado y dejó que el lenguaje de las mercancías penetrara en el interior de la tienda, tercerizando la tarea de vender. A diferencia de Boucicaut, que atavió miles y miles de jóvenes para su Le Bon Marché, Saunders no contrata ni un solo vendedor; en adelante, son las mercaderías mismas las que venden el producto. Ya deben venir empaquetadas y endomingadas, técnicas que esos cursillos de astucia empresarial agrupan como *merchandising*, el *marketing* objetivo que sigue a la cosa hasta su lugar de venta. Cada mercancía debe ingresar con un bello envoltorio e interesar a su favor el *self-love* de los clientes. Con la segunda revolución de Saunders, las funciones retóricas y teatrales del vendedor culminan su ontologización.

Como es notorio en la lectura de la patente, la creación de Saunders se centra en una nueva redistribución del espacio, ilustrada con variados bocetos. En esencia, es una respuesta a lo que diagnosticó como el problema de los almacenes norteamericanos: el mostrador, esa frontera material alzada entre la producción y el consumo, el dique en que se estrellan las olas del consumismo. Como reemplazo de esta barrera artificial, Saunders diseña dos artefactos fascinantes de muy poca complejidad mecánica. El primero son los molinetes (*turnstiles*), símbolo comercial del Piggly Wiggly, el mecanismo inercial que hace entrar y salir los cuerpos al modo de un *input* y un *ouput*. Toda la extensa fila de espera –antaño una masa ociosa de brazos cruzados chillando como cerditos– es invitada a abandonar su miserable serialidad de individuos para ingresar como flujo anónimo y uniforme en una calle de mano única. El segundo artefacto es la *góndola* (*display cabinets*), estructura de una o dos caras según se la coloque en los laterales o en el centro. Las góndolas cumplen la función de "soportes" para la exhibición jerárquica de las mercancías (el llamado 'planograma') a la vez que organizan el circuito en pasillos, el recorrido sinuoso en forma de "M" que evita la aglomeración de clientes.

En las góndolas todo está a la vista y al alcance de la mano; uno mismo puede revisar su listado, echar un vistazo a todas partes, recorrer, agarrar y meter en la canasta, y reemplazar, de este modo, al antiguo vendedor con pequeños esfuerzos separados. Este *revival* de la fase recolectora responde a un nuevo plan de optimización taylorista del esfuerzo, descargando en pequeñas dosis físicas e intelectuales las tareas de los empleados de comercio. Saunders descompone y prorratea el *toil and trouble* del intercambio en minúsculos e imperceptibles bríos del consumidor. Este

Figura 7: Fotografía del interior de una de las tiendas Piggly Wiggly.

*crowdsourcing*, el uso de las multitudes ('*crowd*') como recurso externo ('*outsourcing*'), combina sabiamente recursos impagos para eliminar todas las destrezas del vendedor profesional a cambio de una serie de tareas residuales, mecánicas, llevadas a cabo por el repositor, el cobrador y el empaquetador, engranajes cuya existencia depende estrictamente del atraso de la robótica.

Pues bien, el *crowdsourcing* –también llamado "colaboración abierta distribuida", "externalización abierta de tareas", "procomún colaborativo", etcétera– no es un mecanismo extraño a la teoría del fetichismo de Karl Marx, sino la dinámica presupuesta para extraer energía cinética a partir del "no lo saben, pero lo hacen" de *El capital*. Nuestro filósofo de Tréveris comprende tempranamente su importancia gracias a las observaciones de un profesor de matemáticas británico, Charles Babbage. Este entusiasta de las exposiciones universales, además de ser el diseñador de la primera computadora mecánica, en su obra *On the Economy of Machinery* de 1832 le dictó el principio que vuelve legible el futuro:

> Si la experiencia, de acuerdo con la naturaleza especial de los productos de cada manufactura, ha dado a conocer la forma más ventajosa de dividir la fabricación en operaciones parciales, como también el número de trabajadores necesarios, todos los establecimientos que no usen un múltiplo exacto de ese número fabricarán con menos economía. (Citado por Marx en II/6:342)

Según esta ley –hoy conocida como 'principio de Babbage'–, el trabajo tiende a ser sometido constantemente a una división que optimiza su actividad y que disminuye su necesidad. Con el desarrollo de este principio, el capitalista está cada vez menos interesado en un ser humano integral y persigue, en cambio, contratar "la cantidad exacta de fuerza y destreza que es necesaria para cada operación" (que, en algunas ramas, desembocó en la contratación de niños sin experiencia en lugar de obreros calificados). En función de esto, Marx saca una conclusión que Clarence Saunders –en la esfera de intercambio– y Frederick Winslow Taylor –en el ámbito de la producción– convertirán en una época histórica: todo el esfuerzo, toda la fatiga de mover la historia, a la postre se desvanecerá en "algo infinitamente pequeño" (*ein unendlich kleines*).

El *self-service* es el mecanismo de escape que dio cumplimiento a esa oscura premonición de Marx, no solo para la fábrica como se pensaba, sino también para las tiendas. Saunders miniaturizó a tal nivel el esfuerzo (el "*arbeiten*" de la actividad comercial) que logró convertirlo en algo irreconocible e impago (el "*tun*" del comprador). Y, por su éxito, este tendero del siglo XX sometió a todas las tiendas de abarrote a una tendencia, la nanodivisión de la actividad de comercio.

## 2.2. La llave que todo lo puede

En poco tiempo, Piggly Wiggly se convirtió en un Le Bon Marché del siglo XX, una arquitectura que tendió a la síntesis rápida y agresiva de su entorno comercial, pero en lugar de expandirse mediante la ampliación optó por la reproducción celular: "Un día -profetizó Saunders en la inauguración- Memphis estará orgulloso por Piggly Wiggly... y todos los hombres lo dirán... que los Piggly Wigglies se multiplicarán y repondrán la tierra con más y más limpias cosas para comer". Su éxito, efectivamente, lo convirtió en una auténtica espiroqueta que en solo seis años saltó a veintinueve estados con mil doscientas tiendas, desencadenando además réplicas bacteriales por todo el continente: Handy Andy, Helpy Selfy, Woggly Hoggly, Jitney Jungle, Humpty Dumpty y un largo etcétera que incluye a los internacionales *"Supermarkets"* o *"Hypermarkets"* como Walmart.

Con la aparición de los automóviles y los refrigeradores domésticos, por supuesto, hubo algunas innovaciones del proyecto de Saunders -las cestas de madera fueron sustituidas por carros con ruedas; los supermercados por hipermercados; las tiendas urbanas por galpones al costado de la autopista—, pero, en lo esencial, el principio del autoservicio perduró como una constante histórica. El único intento de refundar significativamente el autoservicio fue, en la década del treinta, protagonizado nuevamente por Clarence Saunders.

En efecto, este innovador dio nacimiento a una máquina futurista, intimidante, un monstruo que la prensa norteamericana recordó con el nombre de "supermercado eléctrico". Luego de cerrar el último autoservicio y perder los derechos sobre Piggly Wiggly -por un incidente con los accionistas-, Saunders se dedicó a experimentar con un nuevo mecanismo que inaugura y reinaugura dos veces (en 1937, 1939 y 1948), el *Keedoozle*, una versión posguerra que adopta el hangar militar como arquitectura y a la electricidad como alma. Mediante un inédito nivel de automatización -incluso para nuestro siglo XXI- ahora el supermercado cuenta los artículos, suma sus precios, imprime el listado final y despacha la compra, por sí mismo.

Basado en una configuración distinta, cuando el cliente ingresa se le entrega un teletipo de aluminio con un rollo de papel en su interior, el *Key Does All*, la llave que todo lo puede. Inspirándose en las *vending machine* -las máquinas expendedoras, palacios de cristal muy comunes desde fines del siglo XIX-, ya no hay mercaderías amontonadas en apretados pasillos, sino ejemplares únicos detrás de un vidrio, distribuidos dentro de paneles colocados uno al lado del otro al modo de una secuencia de diapositivas. Las muestras detrás del vidrio, pensaba Saunders, no solo garantizaban la higiene e imposibilitaban el robo, sino que incluían la promesa de un futuro en que hacer las compras solo implicaría señalar una imagen. En la patente respectiva del *Automatic Store*, la N.° 2.661.682, aventura lo siguiente:

> Un tipo particular de tienda a la cual mi invención es adaptable es una que no contaría con *stock* de mercadería disponible para entrega inmediata al momento de la compra o solo contaría con un *stock* parcial. Esta tipología sería una tienda de muestra o exhibición (*sample or display*). Las muestras pueden ser mercancías reales o ilustraciones de artículos de mercancías, como se exhiben en los catálogos de pedidos por correo o de otro tipo, junto con descripciones impresas y el precio.

Según esta idea, luego de que el cliente seleccione las mercancías en el *display* una orden eléctrica llegaría a un almacén central de donde saldrían todos los pedidos. Esto supondría una organización territorial más extensa que comunique, mediante arterias (rutas, autopistas, vías ferroviarias) las salas de *show* con un supercentro de abastecimiento, como sugieren los gráficos a mano alzada de la patente de Saunders. En esta utopía del comercio eléctrico se empieza a vislumbrar una ciudad-supermercado donde el valor de uso y el valor de cambio, por primera vez, tendrían localizaciones totalmente distintas.

No obstante, lo cierto es que Keedoozle se realizó a la medida de sus posibilidades, y su ideal de máxima se materializó en la organización interna de unos pocos edificios eléctricos. En líneas generales, esta nueva organización supuso a un cliente ya descargado de la tarea de arrastrar la canasta o empujar el carrito al modo de los condenados. En cambio, se pasea por el interior como por una galería de arte y, cuando cruza miradas con su objeto de deseo, no tiene más que introducir la llave en una ranura, gatillar una palanca como si fuera una pistola y listo: acaba de ingresar su compra personal al carro electrónico.

Figura 8: Fotografía del interior de la tienda Keedoozle.

Finalmente, *Keedoozle* tiene mercaderías en *stock,* pero no a la vista: la distribución fundamental en el croquis de la patente se basa en la separación radical entre una sala de exhibición, de carácter público e interactivo, y otra de almacenamiento y procesamiento, oculta detrás de la carcasa con los ejemplares.

Por supuesto, lo que escapa al campo visual del comprador es lo que sucede luego de que lanza el pulso eléctrico de sus demandas. Detrás de las paredes, un extenso y enmarañado sistema de cableado con diez mil conexiones e incontables relés procesa el pedido del comprador soltando el producto a un plano inclinado que da a una cinta transportadora y, finalmente, a un empaquetador humano. Luego de abonar la suma que registró la llave, como por arte de magia, el comprador observa salir a la totalidad de la compra por un orifico en la pared, lista para ser cargada en el baúl del automóvil. En términos generales, se diría que *Keedoozle* es un artefacto tan maravilloso para la imaginación como el Pato defecador de Vaucanson.

En cuanto a lo que Saunders llama el *human element*, invocado en la patente como la fuente principal del encarecimiento de las mercaderías y de los errores de procesamiento, es reducido todavía más en Keedoozle que en Piggly Wiggly. La figura elusiva del repositor, que antes se lo veía acá y allá acomodando cosas, de golpe desapareció del campo visual: está emparedado junto al resto del mecanismo y de los empleados, observando o complementando a la máquina. Esto es, el Keedoozle unificó a los empleados en la continuidad ininterrumpida de lo que Karl Marx llamó el *"großen Automaten"*, el mecanismo de escape que no solo reemplaza al trabajo necesario, sino que, además, sustituye la cooperación humana por los circuitos eléctricos. El movimiento comunicante le pertenece al supermercado, puesto que Keedoozle es el que "ejecuta todos los movimientos necesarios". A estos empleados mecanizados se les aplican las palabras expresadas por Marx en 1858:

> Los trabajadores vivos e individuales diseminados en muchos puntos del sistema mecánico aparecen tan solo como órgano consciente; en sí mismos, son miembros dentro del sistema, subsumidos bajo el proceso total de la maquinaria misma, cuya unidad no existe en los trabajadores vivos, sino en la vitalidad de la maquinaria, apareciendo ante su hacer individual e insignificante (*einzelnen, unbedeutenden Tun*) como un tremendo organismo. (II/1.2:572)

Al trabajador, ya sea el que está emparedado como palanca lúcida o el que está fraccionado como multitud de compradores, la comprensión del organismo maquínico le está vedada.

Y para finalizar, relatemos el último episodio en la vida de este vanguardista, que no fue más que un vaticinio truncado por la muerte. Luego del fracaso definitivo del tercer y último Keedoozle –que Saunders remató con un "fue demasiado para que la mente promedio lo comprendiera"– proyectó otro que iba a llamarse *FoodElectric*, donde añadiría a los clientes la tarea extra de autocobrarse y autoempaquetarse, purificando el *self-service* de esos falsos y aparentes trabajadores necesarios que son el cobrador y el empaquetador. Como metáfora de su más alto propósito, Saunders anticipó lo que iba a ser una mutación en el vínculo del comprador con el mercado: la 'llave que todo lo puede' iba a ser cambiada por el *Shopping Brain*, el 'cerebro de compras', un primitivo procesador informático que se deslizaría sobre unas cintas magnéticas al estilo de nuestras tarjetas plásticas, resumiendo el intercambio en una ola de datos. Había proyectado, en su sentido más preciso, un modelo computacional en que los clientes abandonarían su rol de recolectores o conectores para incorporarse como terminales de información pura.

Por fin, esos cerditos que vio a principios de siglo, cuya masa carnosa los amontonaba caóticamente alrededor de la ubre, completamente ondulados, se iban a abismar en descargas de datos dentro de un enorme cerebro, el *Shopping Brain* o *General Intellect* de la esfera del intercambio. Pero murió en 1953, y nunca llegó a realizar la apoteosis final del automatismo.

Capítulo 3
# La cápsula del shopping mall

Nos damos mucha prisa para construir un telégrafo entre Maine y Texas, pero Maine y Texas, tal vez, no tienen nada importante que comunicarse. Pareciera que lo importante fuera hablar con rapidez y no hablar sensatamente. Estamos anhelando tender un cable debajo del Atlántico para acercar en unas semanas el Viejo Mundo al Nuevo; pero quizás una de las primeras noticias que lleguen al amplio y agitado oído americano sea que la princesa Adelaida tiene tos convulsa.

Henry David Thoreau, 1854, *Walden o la vida en los bosques*

## 3.1. La particularidad que llegó como un rayo

Viktor David Grünbaum nació en 1903 y se recibió en la Academia de Bellas Artes de Viena como arquitecto. Cuando joven, fue director de un cabaré político de tendencia socialista en el *Naschmarkt*, pero con la invasión nazi huyó del país, lo que logró gracias a un amigo del teatro que se disfrazó de soldado. Llegó a Estados Unidos en 1938, donde cambió su nombre a Victor Gruen y trabajó como escaparatista de tiendas durante algunos años hasta que levantó su estudio de arquitectura en Los Ángeles. Colaboró en una docena de proyectos de revitalización de centros urbanos, una instalación para la feria mundial y el diseño de una ciudad artificial, implantada para los empleados de un programa federal de sondas lunares; por su estilo, fue una inspiración para Walt Disney y no faltaron los exagerados, que lo declararon el arquitecto más influyente del siglo XX.

¿Quién es Victor '*mall maker*' Gruen? Pese a su mala fama, diremos que era un utopista, y que como todo utopista fue un crítico del mundo vigente. Su libro, *El corazón de nuestras ciudades* de 1964, tanto por el tono como por las citas, es un manifiesto urbanista, de estirpe romántica, contra la tecnología en general y contra los automóviles en particular, a los que detesta con vehemencia. Los considera ruidosos, contaminantes, peligrosos, enemigos de la vida social y antiestéticos (e, irónicamente, uno de los poquísimos teóricos respetables que alabó la estética automotriz fue Roland Barthes, que murió atropellado por una furgoneta). En la perspectiva de Gruen, que asiste a la explosión demencial de la industria automotriz norteamericana en la década del cincuenta, las ciudades se deformaron por culpa del crecimiento desregulado de las bestias mecánicas, al punto de afirmar que ni la bomba atómica, ni la artillería pesada de dos guerras mundiales tuvo tanto poder para destruir las ciudades y mutilar a sus habitantes, como la *Blitzkrieg* del automóvil, una invasión superrápida que anuló toda posibilidad de resistencia. El crecimiento automático de las ciudades fue tan abrupto que no dejó margen para defenderse, para planificar zonas de interacción social como plazas, parques, etcétera.

Sorprendidas por la pasión automovilística, las ciudades devinieron en aglomeraciones sin centro (el "corazón" en cuestión) cortadas por enormes autopistas. Gruen denuncia una verdadera "orgía de fealdad y mal gusto" creciendo en los costados de estos caminos: publicidades gigantescas, estaciones de servicio, cementerios de neumáticos, flanes congelados, alojamientos, talleres, autocines y clubes nocturnos. Las zonas rurales, esos lugares de la escucha y de lo sagrado, fueron invadidas por autopistas de dieciséis carriles y en las ventanas laterales donde antes se podía observar a los adorables granjeros norteamericanos, ahora hay una salchicha gigante de estuco donde se vende comida rápida al paso (la autopista, como bien subrayó Fredric Jameson, es antiheideggeriana). Gruen, viajando por autopista, registra una metáfora oportuna de esta nueva configuración depredadora al leer un cartel:

> "Auténtico *gulash* húngaro *kosher* con macarrones italianos, estilo Dixie, servidos con pan francés, 1,15 dólares", anuncia un cartel en forma de cohete lunar, sobre un restaurante situado en una carretera del Sur de California. Lo atiende una pareja de Brooklyn, antiguos rusos blancos. Los milagros

de nuestra era tecnológica han reunió todo eso –Rusia blanca, Brooklyn, Francia, Italia, Israel, Hungría y California– y lo ha combinado bajo la forma de un gigantesco *gulash* atómico dentro del horrible caos de la anticiudad (*anti-city*). (Traducción de Luis Justo)

Gruen llama *anti-city* al resultado de la interacción libre entre los automóviles y las ciudades, un desarrollo que atenta contra la belleza de la naturaleza y que tiende a anegarla cada vez más, siguiendo la lógica devastadora del *"flight and blight"*, fuga y ruina: cuando los norteamericanos se suben a sus automóviles para huir del infierno urbano y organizan un pícnic en las afueras, no solo arruinan este espacio natural, sino que obligan a la siguiente ronda de pícnic a extender el arco de devastación.

Defensor de las virtudes cívicas, Gruen captó de inmediato la ironía mayor de los automóviles y las autopistas con su ideología de la comunicación rápida: su combinación, por una fatalidad incontrolable, termina siempre en el *atasco del tránsito*. El malestar del embotellamiento provocó que cada individuo, anticipando el estrés, se retrajera a la tranquilidad de su unidad doméstica. Sin corazón urbano al que dirigirse, la vida pública norteamericana se disgregó en pequeñas casas con jardín, donde las relaciones sociales son inseminadas artificialmente mediante asados al costado de la pileta.

La *anti-city* de Gruen, para dar una imagen más exacta, es la *Motopia* propuesta por el arquitecto y paisajista inglés Geoffrey Jellicoe, una ciudad basada en una estructura rizomática de carreteras a cielo abierto, separadas por lagos artificiales y apoyadas sobre edificios de habitaciones. La *Motopia* de Jellicoe es, a los ojos de nuestro romántico vienés, una propuesta para acelerar el apocalipsis y devenir en la realidad distópica de *Mad Max*, el desierto de carreteras donde los automóviles poseen personalidades distintivas y los choferes un carácter ovejuno. Lo único que haría falta para este desastre mundial, dice Gruen con sarcasmo, es que alguien pinchara un neumático.

Hay una antropología presupuesta en la *anti-city* que cae también bajo la crítica de Gruen. El *american way of life* que es, más exactamente, un *american way of death*, que incluye junto a las gaseosas azucaradas y sus rifles a repetición un *love* desmedido por el automóvil. Gruen, que captura al automóvil como parte de la familia conyugal –es decir, patriarcal–, lo presenta como una mercancía aberrante, un *gadget* para el cabeza de familia:

> Esos autoróticos (*autorotics*) sienten por sus coches un profundo afecto que orilla el amor, y miman a sus seres queridos en toda forma posible; consagran sus horas libres a lavarlos y darles brillo; les hacen hacer 'ejercicios' llevándolos a salidas innecesarias; les compran chucherías, bajo la forma de esas cosas inútiles que se llaman accesorios, y los llevan a salones de belleza y a consultorios médicos. Se endeudan con alegría por ellos, hasta el punto de arruinar sus propias carreras. Los autoróticos sienten respecto de sus coches lo que otros hombres experimentan de sus amantes o de sus muy decorativas esposas; lucirse con ellos enaltece sus sentimientos del yo y su orgullo masculino. (Traducción de Luis Justo).

El automóvil, la "amante caprichosa" como la llamó Lewis Mundford o la "falsa mujer" como la llamó Jacques Lacan, es un evidente fetiche masculino que tiene una peculiaridad única –y muy oportuna– que lo distingue de los zapatos con punta aguja: por su tamaño y forma, admite la posibilidad de sumergirse en su interior. En la fantasía patriarcal que denuncia Gruen, el automóvil es una *fembot* que solo depara éxtasis y muerte con su promesa de velocidad y seducción.

## 3.2. El shopping mall como utopía mundial

Como arquitecto y urbanista consagrado, Victor Gruen planifica una respuesta urbana a este estado en que "las cosas se han acercado muy vivamente al cuerpo de la sociedad humana". Recurre entonces al *Génesis* del Antiguo Testamento como manual elemental de planificación urbana: la ley primera del orden es la "separación", de la tierra del agua, del día de la noche, del firmamento del suelo, de la mujer del hombre. Frente al caos primordial de la *anti-city* y en pos de garantizar el humano "intercambio de bienes e ideas", Gruen propone repetir el gesto divino del *fiat lux* para escindir radicalmente las funciones mecánico-utilitarias y las funciones socio-mercantiles, esto es, el valor de uso del valor de cambio.

En la década del cincuenta, Gruen publica en la revista *Architectural Forum* el sentido utópico al que aspira su arquitectura, el concepto de *shopping mall*, que va más allá de las tiendas locales y los estados nacionales en dirección de un modelo de reorganización mundial. Basado en la reproducción celular, propone la "metrópolis celular del mañana", una planificación fractal que reemplazaría la soberanía territorial.

Figura 9: Dibujo de Victor Gruen donde retrata la metrópolis celular del mañana.

La organización, en cada caso, es la siguiente: un metronúcleo rodeado de diez ciudades, donde cada ciudad posee un centro rodeado de diez poblados, donde cada poblado está rodeado por cuatro comunidades, donde cada comunidad está compuesta por un centro comunitario y cinco vecindarios, donde cada vecindario está integrado por grupos de familias y donde cada familia se descompone en un grupo de individuos. Esta formación arracimada "que recuerda la organización de los esquemas vivos" pretende ser una imitación de la naturaleza orgánica de la célula, basada en núcleos y protoplasma, de modo que en cada nivel siempre es posible argumentar un centro y una periferia (por ejemplo, en la familia, los padres son el núcleo y los hijos el protoplasma).

La metrópolis celular sigue explícitamente una filosofía de la antipraxis, fundamental para el concepto de *shopping mall* y fuertemente contrapuesta al incremento inútil de los caballos de velocidad que acompañan al automóvil moderno. Está diseñada de tal modo que todos sus pobladores pueden acceder al núcleo comercial simplemente caminando: liberados de los cruces de carreteras y rodeados de naturaleza, el caminar será el medio oficial de transporte y al mismo tiempo actividad de recreación. El *peatonismo* es la divisa de la metrópolis celular y, en lo inmediato, la filosofía del futuro que materializan todos sus diversos *shoppings mall* y proyectos urbanos, que operan como ágoras peatonales en medio del caos norteamericano.

No debe sorprendernos que, según sus propias expectativas utópicas, el concepto de *shopping mall* incluya los valores peatonales del corso de Perugia, los Boulevares de París, el Central Park de Manhattan, la Strøget de Copenhague y los Bosques de Viena, precisamente todo lo contrario a la existencia sentada e inercial del *american way of life* y sus aberrantes "paseos en automóvil". Ideológicamente, Gruen pertenece a cierto discurso romántico que hace del caminar una forma de militancia: desde *Las ensoñaciones del paseante solitario* de Jean-Jacques Rousseau y *El arte de pasear* de Karl Gottlob Schelle, pasando por el movimiento *Wandervögel* y el deambular de los surrealistas hasta la teoría de la deriva de Guy Debord y el *Elogio del caminar* de David Le Breton, hay una reivindicación del caminar como contrapunto al desarrollo mecánico de la ciudad.

Por todo esto, cuando a Victor Gruen le llegó la noticia de que sus *shoppings mall* estaban expandiéndose por Europa, fue una sorpresa desagradable y un enorme disgusto enterarse de que eran recibidos como metáforas de la vulgar vida norteamericana. El éxito de su utopía devino en una continuación, por otros medios, de la lógica automotriz que pretendía sofocar. Gruen, ofuscado, terminó por negar la paternidad de sus *shoppings mall* e imputó el resultado final a las administraciones públicas deficientes y los intereses egoístas de los inversionistas. Malcolm Gladwell, en un artículo del 15 de marzo de 2004 para *The New Yorker*, narraba así los últimos días de Gruen:

> "Me niego a pagar alimentos por estos desarrollos bastardos", dijo en un discurso en Londres, en 1978. Le dio la espalda a su país de adopción. Había arreglado una casa de campo en las afueras de Viena, y pronto se trasladó de modo permanente. ¿Pero qué encontró cuando llegó allí? Justo al sur de la vieja Viena, un centro acaba de ser construido –en sus angustiosas palabras, una "gigantesca máquina de compras–". Estaba empujando a los adorables tenderos independientes fuera del negocio. Era aplastante para la vida en la ciudad. Estaba devastado. Victor Gruen inventó el *shopping mall* para hacer a Norteamérica más parecida a Viena. Terminó por hacer a Viena como Norteamérica.

## 3.3. Los shoppings mall realmente existentes

Siguiendo el modelo de la fortaleza medieval, la ciudad renacentista en forma de estrella de Palmanova, el Pentágono de Virginia y los muros antiasedio de su Viena natal, Gruen inauguró en 1954 el primero de sus centros suburbanos, *Northland Center*, en los alrededores de Detroit. Para proteger la vida social, Gruen dispuso de miles de plazas de estacionamiento gratuitas, organizadas con cinturones verdes, pasillos y circunvalaciones, donde los *autorotics* pueden descargar, a paso de hombre, su acople orgánico. En contra de la ideología de la velocidad y las metralletas, en contra de la adoración de los artefactos aerodinámicos y su canto fascista "al amor del peligro, el hábito de la energía y el de la temeridad" (Filippo Marinetti), el paseante es desacelerado y desarmado antes de ingresar al espacio utópico.

Y visto a la distancia, efectivamente, *Northland Center* tiene la apariencia de una fortaleza rodeada por *gadgets*, mercancías intrínsecamente violentas en *stand-by*. Se diría incluso que es un refugio especialmente diseñado para atraer a los sobrevivientes, adoptando la forma de un búnker suburbano contra el apocalipsis (y George Romero,

Figura 10: Fotografía aérea de Northland Shopping Center y su parque de estacionamiento. En el reverso de la foto se lee: "There is parking for 9,000 cars".

con sus infinitamente plásticos zombis, nos legó una fantasía fabulosa al respecto en *El amanecer de los muertos* de 1978). De ahí que, en tanto trampa, no busca camuflarse, sino todo lo contrario: persigue la escisión radical con un ambiente negativo.

El comienzo de la segunda mitad del siglo XX norteamericano fue, por cierto, un escenario especialmente propicio para un refugio de esta naturaleza. Es el momento en que la relación de las familias con los centros urbanos mutó drásticamente; en que, como relata Philippe Ariès, la "imagen arcaizante, de fiesta y familiaridad" de la ciudad fue suplantada por una "imagen moderna insegura, inquietante". Esta mirada paranoide hacia el espacio público de Detroit es la que Gruen opone como contraste para sus fortalezas flotantes, ofreciendo una experiencia donde toda la familia puede vagar tranquilamente sin ser aplastada por una rueda o atravesada por una bala perdida. *Northland center*, como espacio utópico, persigue un ideal clásico, en pos del cual el sujeto, liberado de la amenaza de los *gadgets* y enriquecido con el diseño de interiores, se volverá contemplativo:

> He señalado antes que la creación de espacios públicos a salvo de perturbaciones, seguros y bien diseñados, abre la posibilidad de reintegrar al ámbito urbano el encanto visual, bajo la forma de flores, árboles, fuentes, estanques, esculturas, murales y mosaicos. También ofrece las mismas perspectivas a la música y las artes de la representación. Ello se debe simplemente a que esos espacios bien protegidos, seguros y bien diseñados, libres del tráfico y sus ruidos y sus olores, así como del desorden creado por las expresiones de los servicios mecánicos, restituirían al individuo la capacidad y el deseo de contemplar, ver, escuchar y observar. (Traducción de Luis Justo)

Despojado de las incomodidades de la naturaleza (climas extremos, jabalíes, insectos) y de la ciudad (embotellamientos, accidentes, criminales, mendigos), y, sin embargo, con todos sus beneficios, el cliente se heleniza dentro de este espacio bien protegido, seguro y bien diseñado. Esto implica una lectura más profunda del Palacio de Paxton, que no solo se interesa por su modo de exposición, sino fundamentalmente por su modo peculiar de lograr el aislamiento.

Para suspender la lógica hobbesiana de la *anti-city*, basada en la inseguridad y desconfianza entre las unidades familiares, y adaptar la ideología del *Spaziergang* (paseo), el *shopping mal* encapsula el espacio social al modo de los barcos trasatlánticos y las naves interestelares. De hecho, el modelo explícito con el que arranca *El corazón de las ciudades* son los cruceros trasatlánticos –"islas peatonales" las llama–, con su promesa de una experiencia turística que anula, mediante estabilizadores y simulacros, la sensación de estar expuesto al peligro de muerte violenta. Su *shopping mall* intentó lograr esta experiencia de navegación elaborando un sendero interior, un único camino que, de un piso a otro, asegura la ilusión de continuidad entre superficies con las escaleras mecánicas. Así, a baja velocidad, sin el esfuerzo del trabajo y el riesgo de muerte, los sujetos de mercado siguen un desplazamiento helicoidal similar al astronauta que hace *footing* en la "odisea espacial" de Stanley Kubrick, un movimiento perpetuo sin progreso.

El efecto envolvente que resulta de estas cápsulas, "la sensación de seguridad y calma a través de una excepcional familiaridad" –que la prensa llamó 'Efecto Gruen' o 'Transferencia Gruen'–, es la que provoca la superposición entre dos esferas que, hasta entonces, se mantenían relativamente autónomas entre sí: la vida familiar y el mercado mundial. A propósito de esto, Gruen recordó orgulloso que sus edificios evitaron la paradoja administrativa del "mantenga limpia la ciudad", el cartel que busca la preservación urbana al mismo tiempo que la contamina visualmente. Su ciudad no necesita ensuciarse con ese cartel ni con otros del estilo ("no robe las flores", "no pise el césped", "prohibido bañarse en la fuente", etcétera), porque de modo inmediato y natural, es la inmersión misma la que condiciona a sus habitantes a actuar cordialmente con su entorno.

Más aún, a juzgar por las peregrinaciones de adolescentes y ancianos a estas falsas *plazas*, se diría que el *shopping mall* opera como una suerte de familia sustituta para el desolado individuo moderno, una hipercotidianidad o hiperhospitalidad que sin refutar los sistemas de parentesco desplaza sus interacciones a una zona segura. Algo de esto nos explica *El amanecer de los muertos* de Romero, cuando el protagonista explica la razón por la cual los zombis prefieren el centro comercial en lugar de sus antiguas casas, alegando una memoria residual de lo que solían habitar como territorio propio: "Están por el lugar… no saben la razón, pero se ha arraigado en ellos". El vagabundeo zombi por el *shopping mall*, para decirlo debrossianamente, es la expresión corporal elemental del cliente de Gruen, un impulso de caminar junto a un impulso de consumir.

Finalmente, y para no repetir críticas que ya son lugares comunes –*el shopping mall*, como es sabido, es un blanco clásico entre los críticos de la inmersión–, digamos que el '*mall maker*' postula una sencilla fórmula para medir la extensión y profundidad del principio divino de "*to separate*":

$$A = D - O$$

Donde *A(traction)* es el poder de atracción, *D(esire)* representa al deseo de experiencia urbana y *O(bstacles)* son las vallas materiales que retrasan, dificultan o incomodan al deseo. Los logros de cada tienda en particular y cada ciudad en general pueden ser juzgados según el álgebra grueniano: cuando mayores son los obstáculos que friccionan al deseo, menor es la atracción y, a la inversa, cuando el obstáculo tiende a cero, el edificio alcanza su punto de máxima atracción socio-familiar. En otros términos, lo que esta fórmula promueve, en el contexto de un domo cuyos escaparates miran hacia el interior, es el desarrollo de una antropología que deambule al modo del *impulse buyer*, con una despreocupación absoluta por las maniobras defensivas, "deteniéndose si algo llama su atención y absorbiendo a fondo las impresiones" y "de paso —añade Gruen con inocencia simulada—, aprovechando la ocasión para mirar vidrieras".

# A modo de conclusión:
## Gadget y leninismo

Cuando preparé esta pequeña charla para ustedes, era temprano en
la mañana. Podía observar a Baltimore a través de la ventana y era un
momento muy interesante porque aún no había luz diurna plena y una señal
de neón me indicaba a cada minuto el cambio del tiempo, y naturalmente
había tráfico pesado, y me remarqué a mí mismo que exactamente todo lo
que podía ver, excepto por algunos árboles a la distancia, era el resultado
de pensamientos, pensamientos activamente pensantes, donde la función
que jugaban los sujetos no era completamente obvia. El cualquier caso
el así llamado *Dasein*, como una definición del sujeto, estaba allí en este
espectador en gran medida intermitente o evanescente. La mejor imagen
para resumir el inconsciente es Baltimore en la madrugada.

Jacques Lacan, 1966, Conferencia en Baltimore

Primero como gran almacén, luego como supermercado y más tarde
como *shopping mall*, el hueco ojo de vidrio permite reconstruir la historia
del mercado como un orden tendencial: la progresiva universalización del
escaparate y, correlativamente, la reducción de las mercancías a reflejos.
Lo que empezó como un complemento exhibitivo al frente del edifico,
en poco más de un siglo se convirtió en una ciudad invisible, universal,
al modo de la Pentesilea imaginada por Italo Calvino, a la que nadie
está seguro de haber entrado alguna vez y que, por las mismas razones,
tampoco está seguro de haberla abandonado jamás.

Finalmente, el fracaso histórico del último de los avatares –el
*shopping mall*, que entró en descomposición–, significó la realización
del ojo de vidrio por otros medios tecnológicos, en que el caminante

aparece como una versión primitiva del internauta y el peatonismo como una filosofía imperfecta de la navegación. Después de todo, ¿no es el teléfono inteligente una parodia exacta de la metrópolis celular y fractal, una especie de venganza de los *gadgets* contra Gruen? ¿No es esta proliferación de celulares la realización de la utopía totalitaria del mercado? Al modo hegeliano, el *gadget* se presenta como la síntesis estable entre la particularidad del automóvil y la arquitectura abstracta del *shopping*; quiero decir, conserva el carácter de prótesis tecnológica e incorpora en su interior el espacio universal de "intercambio de bienes e ideas".

El modo de exposición paxtoniano es también la norma que rige el *gadget* contemporáneo, que abandonó el viejo imperativo ergonómico de disminuir su tamaño –los recientemente viejos *Nokia*– para someterse a los planos y perspectivas de las plataformas de exhibición. En cierta forma, la historia universal de los aparatos celulares puede perfilarse como una arquitectura que nació en tres dimensiones, con su botonera elevándose verticalmente al modo de edificios, para luego integrar las protuberancias a las dos dimensiones de la pantalla, al modo de una pequeña ciudad material siendo devorada por un desierto brillante. El resultado condensado es el *smartphone*, que puede leerse, con provecho, como la cabina telefónica del Dr. Who, que, bajo su apariencia limitada de rectángulo, posee una profundidad incalculable.

Para adentrarnos en este espacio no hay más que tomar el celular, la *tablet*, la *laptop* o el televisor –cualquiera aparato *Smart*– e ingresar a la *website The Million Dollar Homepage*, la página de inicio del millón de dólares –que ya desarrolló imitaciones en varios idiomas–, donde podemos obtener una imagen contemporánea de esto que Karl Marx llamó el ojo de vidrio en el siglo XIX. Esta página fue diseñada por un joven inglés cuyo noble sueño era juntar un millón de dólares para su vida personal. Para eso creó un proyecto muy sencillo. Consiste en un rectángulo de un millón de píxeles a un dólar cada uno, donde cada comprador puede acumular tantos píxeles como pueda ocupar y pagar, proceso que culminó en el 2006 cuando se subastaron los últimos mil píxeles por Ebay, y se pagaron treinta veces su valor inicial. El resultado final fue una "descomunal acumulación" de publicidades encastradas como piezas de tetris. La riqueza digital, el cúmulo de píxeles, se presenta todavía como un enorme jeroglífico a ser descifrado. (Véase http://www. milliondollarhomepage.com/)

En la interfaz del *gadget* tenemos la más superficial de las profundidades inventadas, la pantalla, que, simulando el marco de una ventana abierta a la creación, opera como el ojo del escaparate. Como Lacan acodado en el alfeizar de una ventana cualquiera, uno no puede evitar la tentación de afirmar que "la mejor imagen para resumir el mercado es *The Million Dollar Homepage* en la red".

Si hacemos 'clic' en cualquier punto del jeroglífico, entonces la imagen se clarifica como un lenguaje expresivo, donde cada pieza redirige a la página de alguno de los afortunados acumuladores de píxeles. Recordemos ahora que el método de Marx frente a la riqueza capitalista es el mismo que el de los descifradores de la serie de David Simon, *The Wire*, en que la red de narcotráfico de Baltimore es retratada como una telaraña de alambres invisibles. La tarea de los policías – que David Simon lleva hasta los límites de la fascinación– se basa en el registro y desciframiento de llamadas y mensajes, de sonidos y letras cuya naturalidad está estructuralmente suspendida. Todos los registros son, como diría el filósofo Alfred Sohn-Rethel, "potencialmente falsos", donde bajo el manto de un mero desorden alfanumérico o de una indicación de ir a la panadería, se desliza secretamente el flujo inagotable del crack. Marx, lo mismo que los protagonistas de *The Wire*, resetea el sentido común para obtener el cúmulo de letras y luego auscultar un orden. La seriedad de Marx está en este punto, en someterse a la brillante burbuja de la pantalla para poder atravesar la corteza multicolor y llegar al meollo del asunto.

Sustitutos virtuales y ultraligeros de nuestras viejas notas a pie de página, el *hipertexto* ofrece además un nuevo campo para la palabra 'génesis'. No se trata de hacer saltar la pantalla con un destornillador para ver el circuito y rastrear la fuerza de trabajo electrónica. Marx sorprende con esta noción hipertextual cuando anuncia en *El capital* que va a realizar una "génesis" hasta entonces nunca practicada, que en lugar de desembocar en la fábrica industrial lo hace en la "deslumbrante forma del dinero" a la que están soldados todos los elementos, el *One Dollar* que dignifica a todas las piezas del rompecabezas. Como el jeroglífico de *El capital*, se lo descifra pasando del brillo –la fenomenología del *aparecer*– a la red –el estructuralismo del *expresar* y *encarnar*–.

¿No es también esta red, con sus millares de informáticos impagos, el caso más claro del "no lo saben, pero lo hacen"? No me refiero al Potlatch al que los colaboradores de Wikipedia dicen suscribir, ni tampoco a los *hackers*, que en la década de los setenta y los ochenta dieron nacimiento a este "poderoso organismo" –esos mismos que, en una carta abierta de 1976, Bill Gates los declara los *hobbyists*, la enfermedad infantil de la izquierda informática. Sino fundamentalmente a los cuatro mil millones de internautas que, navegando por la red, dejan día a día un regadero de huellas. Es esta tontería cotidiana lo que dio cuerpo a Big Data, la masa crítica de datos que acumula fragmentos inconexos de la red.

Big Data es un término que proviene, según Viktor Mayer-Schönberger y Kenneth Cukier, de la astronomía y la genética, y originariamente tenía un tono alarmante.

> Cuando comenzó el Sloan Digital Sky Survey en el 2000, su telescopio en Nueva México recolectó más datos en las primeras semanas de los que se habían acumulado en toda la historia de la astronomía. Para el 2010, el archivo de sondeo desbordaba con unos colosales 140 terabytes de información. Pero su sucesor, el Gran Telescopio para Rastreos Sinópticos en Chile, que entrará en funcionamiento en el 2016, adquirirá esa cantidad de datos cada cinco días (...) Cuando los científicos decodificaron por primera vez el genoma humano en el 2003, les llevó una década de intenso trabajo secuenciar los tres mil millones de pares de bases. Ahora, una década después, un solo laboratorio puede secuenciar esa cantidad de ADN en un día.

Y el Big Data informático, que crece exponencialmente, es todavía más potente que ese Gran Telescopio que, a la fecha, sigue en construcción. Además de la magnitud incontrolables de datos, retiene información muy diversificada que puede provenir de los emoticones enviados por WhatsApp, de las fotografías de Instagram, del seguimiento por GPS o del simple movimiento del *mouse* en una página, con lo cual es casi imposible de hacer (*tun*) socialmente algo sin dejar un regadero de rastros personales.

Por otro lado, el Big Data viene acompañado de nuevos y más precisos modo de recolectar datos, abandonando las viejas técnicas artesanales –como la encuesta– para depender del llamado *internet de las cosas*. Se nombra de este modo a los sistemas automáticos que, con la mediación cada vez más extendida de los sensores, generan datos sin necesidad de que sean voluntariamente ingresados. El sensor, como el orificio nasal en la gárgola de Condillac, nos devuelve a la idea de que, aunque no piensa, Big Data registra. En principio, se diría que el sensor reemplaza la sensibilidad humana, en el amplio sentido de la expresión "sensibilidad humana". Por ejemplo, el *gadget Kissenger*, para evocar un caso no tan obvio, se conecta a la base del teléfono celular y mediante un sensor de presión captura y reproduce el movimiento de los labios en tiempo real. Como valor de uso, esto permitiría a las parejas de todo el mundo besarse a la distancia –el servicio oficial que presta–, pero también supone la conversión de la experiencia del beso en datos y, a la postre, su retención como riqueza en modos todavía muy difíciles de anticipar (quizás, en mil años, sea posible besar a Ricky Martin). Con todo, hay que añadir que hace ya mucho tiempo que los sensores registran lo imposible para nuestro cuerpo, como las congestiones de tránsito, el curso de las aves migratorias, la localización de plazas libres para estacionar, la acidez de la tierra, la presión sanguínea, la droga en la mochila, etcétera.

Ahora bien, como sucede en estos casos, frente a la proliferación de sensores el ser humano se reveló de golpe como un imperfecto recolector de datos. Kevin Ashton, el inventor del término *Internet of Things*, refiere que los datos de internet fueron, hasta ahora, "capturados y creados por seres humanos: escribiendo, presionando un botón de grabación, tomando una imagen digital o escaneando un código de barras". Esto indicaría que el "algo infinitamente pequeño" de fines del siglo XX, basado en el clic, no fue lo suficientemente pequeño. Casi al final de su artículo, dice Ashton:

> Nosotros necesitamos empoderar a las computadoras con sus propios medios de recolectar información para que puedan ver, oír y oler el mundo por sí mismos en toda su gloria al azar.

Posiblemente, nada se acerca más a la "vida social" bajo el "control del *general intellect*" que este llamado a la interpasividad social. A través de estas "máquinas de divina gracia", como las llamó Richard Brautigan, finalmente ascenderíamos a una "ecología cibernética" donde nada es *necesario*.

El último y más estrafalario *crowdsourcing* es, en relación con la red, el mercado de la minería de datos, en que para producir riqueza lo único que se exige a las multitudes es que vivan su vida tal como les gustaría vivirla, entretenidos. Los intentos de convertir toda esta basura en valor dependen de una serie de algoritmos que filtran cúmulos para obtener riqueza informática, como *PageRank* de Google o el *EdgeRank* de Facebook. Funcionan como el molinete y la góndola de Saunders, mecanismos de escape que filtran riqueza de la estúpida e insignificante actividad social. Así sucede, por ejemplo, con ciertos juegos virtuales para celulares, que mientras dedicamos nuestra atención a superar niveles capturan el sonido del entorno por el micrófono –en registros incluso inaudibles para nosotros– y los desplazamientos del usuario por intermedio del GPS. El algoritmo reconoce y recoge, pongamos por caso, la correlación entre la publicidad de la película *The Avengers* y el ingreso al cine para su consumo.

Por último, hay un nuevo avatar de sujeto en el *gadget*, la antropología de los *dioses con prótesis*, como llamó Freud a nuestros contemporáneos, que no saben nada, pero pueden descargarlo todo. Y del mismo modo que la robótica ridiculizó la supuesta maravilla que era el ser humano, el internauta tiene su propia réplica que lo parodia socialmente, el *bot*, los falsos usuarios que pululan en la red y que se cuentan de a millones (Tim Wu, en un artículo en *The New York Times* del 2017, señaló que Twitter reconoce que hay unos 27 millones de cuentas falsas, aunque otros analistas estiman que serían casi cincuenta). Estos bots que intentan ser detenidos por los captcha –un *test* de Turing inverso que opera como barricada contra el *spambot*–, tienen la capacidad de entablar diálogos, comprar entradas para el teatro, apoyar un partido político o promover un producto de perfumería. Este ejército insolente vuelve plausible lo que hasta entonces solo podía ser una metáfora del automatismo: que, aunque la humanidad se extinguiera bajo una nube tóxica o una pandemia global, aun así, la máquina navegacional seguiría produciendo información, saludando en su cumpleaños a los muertos, enviando catálogos y publicidades, insultando, proyectando el clima para el fin de semana, "pensamientos activamente pensantes, donde la función que jugaban los sujetos no era completamente obvia".

Karl Marx no dejó habilitada una escalera de incendios para salir del mercado, *El capital* no ofrece, como le reprocharon en vida, una "receta para el bodegón del porvenir". Esta prudencia de diagnosticar sin proponer, que entre los marxistas humanistas fue abiertamente declarada una conducta antimarxista (y quizás por esta razón Marx aclaraba: *"Je ne suis pas marxiste"*), adquiere la forma de un axioma en nuestro siglo, quiero decir, en una época en que el mercado mundial podría con el mismo desparpajo hacerse intergaláctico, desaparecer con un virus informático o colapsar junto al planeta tierra. La temporalidad histórica adquirió la rara cadencia de las cataratas de los muros de Facebook, pequeñas filosofías de la historia basadas en la sucesión irregular de catástrofes climáticas, videos de gatos, publicidades de cursos, opiniones sobre cualquier cosa y fotografías de desayunos, que al día siguiente se reinician en una nueva concatenación del mundo. La sensación histórica es la de vivir en el GIF animado del que hablaba Mark Fischer, "con su tartamudeante, frustrada temporalidad, su inquietante sentido de estar preso en una trampa de tiempo".

Hecha esta salvedad, nunca está de más recordar que, en cualquier caso, está la posibilidad de una política que funciona en todas las coyunturas históricas. Me refiero a la política intemporal de desencajarlo todo, tal como es alentada por Lenin en *"¿Qué hacer?"*. Siempre es posible actualizar el gesto leninista de 1902, cuando el camarada se permitió algo vergonzoso y escribió: "Hay que soñar". Al igual que nosotros, Lenin también se sonrojó al decir esas tontas palabras y se imaginó a dos camaradas reclamándole su retorno inmediato al materialismo histórico. Pero luego presenta un giro al significado del axioma que lo convierte en una pasividad estratégica: soñar es la conducta contraria al realismo político de los que "presumen de su sensatez, de su 'proximidad' a lo 'concreto'". Soñar es otra cosa, es decoyuntar la coyuntura.

Por supuesto, se trata de una metáfora históricamente localizada, prefreudiana; hoy, después de leer *La interpretación de los sueños*, sabemos que está modelado por mecanismos rigurosos que administran el contenido onírico. Pero la política leninista del sueño va más allá de estos mecanismos, pretende ser un llamado a la tan posible como improbable *desconexión* de esos mecanismos, el olvido de la situación histórica que prepara lo nuevo. La estrategia antirrealista, siguiendo ahora a Lenin hasta 1917, está en captar cualquier momento como si fuera "desde lejos", esto es, al modo de la Revolución de febrero interpretada por Lenin desde Suiza:

> Si la revolución ha triunfado tan rápidamente y de una manera tan radical —en apariencia y a primera vista—, es tan solo porque una situación histórica extremadamente original *ha fundido*, de manera notablemente "armónica", *corrientes absolutamente diferentes*, intereses de clase *absolutamente heterogéneos*, aspiraciones políticas y sociales *absolutamente opuestas*.

Un instante revelado así, *como si* fuera un jeroglífico de cosas en extremo diferentes, heterogéneas y opuestas, es la imagen insensata que preludia una posibilidad, la de equivocarse e imaginar una fórmula incorrecta del valor.

# Bibliografía

**Textos citados de Marx**


Marx, K. (1842a). "Exzerpte aus Charles De Brosses: Ueber den Dienst der Fetischengötter". En MEGA² IV/1, pp. 320-329.

Marx, K. (1842b). "Rheinische Zeitung. N.°. 300, 27. Oktober 1842". En MEGA² I/1, pp. 206-214.

Marx, K. (1844). "Ökonomisch-philosophische Manuskripte". En MEGA² I/2, pp. 187-444.

Marx, K. (1847). *Misère de la philosophie.* París: A. Frank.

Marx, K. (1850). "Neue Rheinische Zeitung. Politisch-ökonomische Revue. H. 5/6. Mai-Oktober 1850". En MEGA² I/10, pp. 448-488.

Marx, K. (1857-1858). *Ökonomische Manuskripte 1857-58.* MEGA² II/1 en dos volúmenes.

Marx, K. (1959). *Zur Kritik der politischen Ökonomie.* MEW 13.

Marx, K. (1861-1863). *Zur Kritik der politischen Ökonomie (Manuskript 1861-1863).* MEGA² II/3 en seis volúmenes.

Marx, K. (1863-1867). *Ökonomische Manuskripte 1863-1867.* MEGA² II/4 en tres volúmenes.

Marx, K. (1863). Carta de Marx a Friedrich Engels del 28 de enero de 1863. En *Briefwechsel: Januar 1862 bis September 1864.* MEGA² III/12, pp. 323-327.

Marx, K. (1864). Carta de Marx a Lion Philips del 17 de agosto de 1864. En *Briefwechsel: Januar 1862 bis September 1864.* MEGA² III/12, pp. 611-612.

Marx, K. (1867). *Das Kapital. Kritik der politischen Ökonomie. Erster Band* (primera edición alemana). MEGA² II/5.

Marx, K. (1873). *Das Kapital. Kritik der politischen Ökonomie. Erster Band* (segunda edición alemana). MEGA² II/6.

Marx, K. (1872-1875). *Le capital. Critique de l'économie politique* (edición francesa). MEGA² II/7.

## Otros textos citados

Ashton, K. (2009). "That 'Internet of Things' Thing". En *RFDI Journal*, publicación del 22 de julio.

Binet, A. (1887). *Le fétichisme dans l'amour*. Edición digital: FV Éditions. 2014.

Boorstin, D. (1973). *The Americans: the democratic experience*. New York: Random House.

Bosman, W. (1703). *A new accurate description of the coast of Guinea* (traducción del holandés sin indicación de nombre). Londres: Ballantyne Press. 1907.

Braudel, F. (1979). *Civilización material, economía y capitalismo, siglos XV a XVIII. Las estructuras de lo cotidiano: lo posible y lo imposible.* –tomo I– (traducción de Isabel Pérez-Villanueva Tovar). Madrid: Alianza editorial. 1984.

De Brosses, C. (1760). *Du culte des Dieux Fetiches ou Parallèle de l'ancienne religion de l'Egypte avec la religión actuelle de Nigritie* (texto modernizado por Madeleine David). París: Fayard. 1988.

Conan Doyle, A. (1926). *The History of Spiritualism* (dos volúmenes). London: Cassell and Company LTD.

Condillac, E. B. de (1754). *Tratado de las sensaciones* (traducción de Gregorio Weinberg). Buenos Aires: Eudeba. 1963.

Freud, S. (1905). "Tres ensayos de teoría sexual" (traducción de J. L. Etcheverry). En *Sigmund Freud. Obras completas Sigmund Freud*, volumen VII. Buenos Aires: Amorrortu.

Frutiger, A. (2005). *El libro de la tipografía* (traducción de J. Chamorro Mielke). Barcelona: Gustavo Gili. 2007.

Gladwell, M. (2004). "The Terrazo Jungle". En *The New Yorker*, edición digital del 15 de marzo.

Gruen, V. (1964). *El corazón de nuestras ciudades. La crisis urbana: diagnóstico y curación* (traducción de Luis Justo). Buenos Aires: Marymar. 1977.

Houellebecq, M. (1997). *El mundo como supermercado.* Buenos Aires: Editorial La Página. 2011.

Kardec, A. (1857). *Le Livre des Esprits.* Segunda edición. París: Didier y otros. 1860.

Lenin, V. I. (1917). "Cartas desde lejos" (primera carta). En *V. I. Lenin. Obras escogidas,* tomo IV, pp. 11-22. Buenos Aires: editorial Cartago.

Liebknecht, W. (1896). *Karl Marx, zum Gedächtnis: Ein Lebensabriss und Erinnerungen.* Nürenberg: Wörlein.

Mangetazza, P. (1873). *Fisiologia dell'amore.* Milano: Giuseppe Bernardoni y Libreria Brigola.

Mayer-Schönberger, V. y Cukier, K. (2013). *Big Data. A Revolution That Will Transform How We Live, Work, and Think.* Londres: John Murray Press.

Nerval, G. (1852). *Les Illumimés. Récits et portraits.* París: Victor Lecou.

Pietz, W. (1987). "The Problem of the Fetish II: The Origin of the Fetish". En *RES: Anthropology and Aesthetics, 13,* pp. 23-45.

Shelley, M. (1831). "Introduction to the 1831 Edition". En *Frankestein or The Modern Prometheus* (pp. 465-470). New York: Vintage Books. 2008.

Shorter, C. (1908). *The Bröntes. Life and letters* (dos volúmenes). Londres: Hodder and Stoughton.

Singleton, B. (2013). *Maximum Jailbreak* (traducción de Mauro Reis). En *Aceleracionismo. Estrategias para una transición hacia el poscapitalismo* (pp. 135-152). Buenos Aires: Caja Negra Editora. 2017.

Smith, A. (1776). *An Inquiry Into the Nature and Causes of the Wealth of Nations.* Indianapolis: LibertyPress/LibertyClassics. 1981.

Sohn-Rethel, A. (1978). *Intellectual and manual labour* (traducción de Martin Sohn-Rethel). New Jersey: Humanity Press. 1978.

Taussig, M. (1992). *The Nervous System.* New York: Routledge.

Zola, É. (1864). "L'Écran". En Bakker, B. H. (ed.), *Correspondance* (vol. I, N.° 88). Paris-Montreal: Editions du Centre National de Recherche Scientifique & Presses de l'Université de Montréal. 1979.

Zola, É. (1883). *Au Bonheur des dames.* Quebec: La Bibliothèque électronique du Québec.1998-2018.

# Índice de imágenes

Figura 5 (pág. 91).
Delamotte, P. H. (1854). *The Crystal Palace, general view from the Water Temple* [fotografía]. (1854). Fuente: Smithsonian Libraries. Recuperado de Wikimedia Commons.

Figura 6 (pág. 100).
Autor desconocido. (Apróx. 1887). *Gravure fin XIXe siècle représentant le grand magasin parisien achevé en 1887* [grabado]. Fuente: Fonds Boucicaut. Recuperado de Wikimedia Commons.

Figura 7 (pág. 113).
Poland, C. H. (Apróx. 1918). *Interior of a Piggly Wiggly self-service grocery store in or near Memphis, Tenn., with two turnstiles in foreground* [fotografía]. Recuperado de Library of Congress, https://www.loc.gov/item/96512541.

Figura 8 (pág. 117).
Autor desconocido (1949). *Clarence Saunders' first self-service grocery store, concept developed into the first fully-automated grocery store, "Keedoozle" - Key Does All* [fotografía]. Fuente: autor desconocido (3 de enero de 1949). "The Keedoozle" (pp. 33-37). *Revista Life*. Recuperado de Wikimedia Commons.

Figura 9 (pág. 125).
Autor desconocido. (Fecha desconocida). *Black and white photograph of a Victor Gruen architectural drawing* [fotografía]. Fuente: "Project: VG Book, Heart of our Cities". Recuperado de University of Wyoming, American Heritage Center, Victor Gruen Papers, Accession Number 05809, Box 57.

Figura 10 (pág. 128).
Autor desconocido. (1954). *Black and white aerial photograph of Northland Shopping Center, and parking lot* [fotografía]. Fuente: York Photographic Studios. Recuperado de Detroit Historical Society, colección Architecture, número de catálogo 2012.044.013.

Impreso por TREINTADIEZ S.A. en 2021
Pringles 521 (C1183 AEI)
Ciudad Autónoma de Buenos Aires
Teléfonos: 4864-3297 / 4862-6794